파커 J. 파머
역설

THE
PROMISE OF
PARADOX

파커 J. 파머

역설

모순 가득한
그리스도인의 삶에서 발견한
인생 통찰

Parker J.
Palmer

김종훈 옮김
헨리 나우웬, 김기석
김영봉, 정병오 추천

템북

김기석 | 청파교회 담임목사

차들이 굉음을 내며 질주하는 도로 한복판에 선 듯 정신이 아뜩해질 때가 있다. 우리는 어디에서 와서 어디로 가는 것일까? 모순으로 가득 찬 세상에서 마땅히 가야 할 길을 잃은 이들이 빚어낸 생의 흔적이 어지럽기만 하다. 조급증이 우리를 확고히 사로잡는다. 세상에는 어떤 희망도 없어 보인다. 정말 그런가? 파커 파머는 그런 우리에게 십자가의 길을 가리켜 보이며 우상 없이, 값싼 위로 없이, 환상 없이 살아갈 용기를 내라고 말한다. 모순을 부둥켜안고 참사람의 길을 걸어갈 때 그 길 위에서 문득 예수와 만나게 될 것이다. 영원한 삶은 그렇게 시작된다. 이 책이 그 영원한 삶으로 인도하는 이정표가 되어 주리라 믿으며 특히 젊은이들에게 추천한다.

김영봉 | 와싱톤사귐의교회 담임목사

파커 파머는 존경받는 교육학자이면서 자신이 믿는 바를 실천으로 증명해 보이기를 추구해온 실험가다. 그는 신실한 그리스도인이지만, 교회 바깥에서 자신의 믿음을 실천하기를 힘써왔다. 그는 그리스도 신앙 안에서 형성된 자신의 사상을 일반인의 언어로 나누어왔다. 그는 하나님 앞에 단독자로 서기를 힘쓰면서 동시에 공동체를 가꾸는 일에 투신해왔다. 이처럼 그의 삶은 역설로 가득 차 있다. 이 책에 수록된 글들은 역설의 실존을 살면서 얻은 통찰과 지혜를 담고 있다. 그의 글은 독자로 하여금 자신의 삶에서 비본질의 껍질을 벗어내고 본질로 돌아가고 싶은 마음이 들게 한다. 파편화되고 피상화된 우리 시대에도 여전히 적실성 있는 귀한 글이다.

추천의 글

정병오 | 오디세이학교 교사, 기독교윤리실천운동 공동대표

인생은 모순과 역설로 가득 차 있다. 이는 우리에게 혼란과 고통을 주지만 이를 어떻게 받아들이고 풀어가느냐에 따라 삶의 신비와 본질에 좀 더 가까이 갈 수 있다. 물론 인생의 모순과 역설을 풀 수 있는 정답이나 만능키는 있을 수 없다. 하지만 이와 정직하게 직면하며 씨름하는 과정을 보여줄 수 있다면 다른 사람에게 큰 도움을 줄 수 있을 것이다. 파머는 공동체 가운데서 10여 년 이상 살았던 삶을 바탕으로 인생의 모순과 역설을 풀어가는 생생하고 풍성한 지혜를 제공하고 있다.

헨리 나우웬(1980년판 추천사)

파커 파머의 첫 번째 책을 소개하게 되어 정말 기쁘게 생각한다. 이 기쁨은 우리 둘 사이의 우정이 가져다준 선물이다. 그를 안 지는 불과 5년밖에 되지 않았지만, 그가 내게 미친 영향력 없이 오늘날의 내 삶과 사역을 생각하기란 거의 불가능하다. 우리는 함께 먹고, 함께 즐기며, 함께 꿈을 꾸고, 함께 이야기를 나누었다. 함께 공부하고, 함께 읽고 쓰며, 무엇보다도 무수한 시간을 함께 기도하며 서로를 세워주고 돌아보며 창조적인 우정을 쌓아왔다.

이 우정 덕분에 그가 삶의 여러 대안과 가능성을 놓고 고군분투한 결과로 이 책이 나올 수 있었음을 알게 되었다. 파커는 내게 새로운 생각을 하고 난 뒤에 새로운 삶을 살아가는 게 아니라, 먼저 새로운 삶을 살아갈 때라야 비로소 새로운 생각을 하게 된다는 것을 알게 해주었다. 이 책의 내용 하나하나는 파커와 그의 가족이 삶으로 살아낸 새로운 삶을 담고 있다.

파커의 인생 여정은 그가 저명한 학자로 자리 잡는 데 필요한 모든 조건을 갖추고 있다. 그는 신학을 공부했고, 사회학으로 박사학위를 받았으며, 여러 대학에서 가르쳤고, 공동체 조직가로서 성공적인 삶을 살아왔다. 훌륭한 논문도 많이 썼다. 그러나 이 책은 이런 그의 학문적 성취에서 나온 산물이 아니다. 이 책은 파커가 이루어온 성취를 둘러싼 수많은 질문에서 나온 열매요, 파커 스스로 사회적이고 교육적이며 종교적으로 성장해가면서 대담하게, 때로는 깊이 고뇌하고 비평한 결과로 빚어진 책이다.

이 책은 역설로 귀결되는 모순이 낳은 아름다운 열매라고 할 수 있다. 여기에서 말하는 모순이란 교육 분야에서의 성공과 소박한 공동체 생활에 대한 갈망 사이의 모순, 존경받고자 하는 욕구와 소외되고 고립되어 있다는 감정 사이의 모순, 공동체에 대해 말하고 강의하는 삶과 극도의 개인주의에 빠진 교외 지역에 거주하며 느끼는 고독 사이의 모순, 종교에 대해 점점 더 많은 이야기를 하는 모습과 하나님에 대해서는 점점 더 무지한 모습 사이의 모순이다. 파커는 주변의 염려와 경고에도 불구하고 아내와 자녀들을 데리고 이런 모순을 삶으로 살아내는 실험을 했다. 모순을 살아냄으로써 그는 다른 방법으로는 결코 발견할 수 없는 통찰과 아이디어, 그리고 관점을 얻었다.

이 책이 중요한 이유는, 뛰어난 학자가 썼기 때문이 아니라 자신의 학문이 진실로 자신을 진리로 인도할 수 있는지 감히 의심해본 학자가 썼기 때문이다. 이 책이 중요한 이유는, 공동체적 삶의 역동성을 잘 아는 사람이 썼기 때문이 아니라 안정된 수입을 포기하고 성공적인 경력을 뒤로 한 채 공동체를 찾아간 사람이 썼기 때문이다. 이 책이 중요한 이유는, 교육과 관련된 여러 분야의 자문 위원이었던 사람이 썼기 때문이 아니라 자신이 받은 교육이 유익하기보다 해로울지도 모른다고 계속해서 의심하며 성적과 학위에 지배되지 않는 교육을 위해 전심을 다 한 사람이 썼기 때문이다. 이 책이 중요한 이유는, 성경을 잘 아는 사람이 썼기 때문이 아니라 자신의 삶과 자신을 사랑하는 사람들의 삶에 대해 성경이 말하는 급진적인 주장을 용기 있게 받아들인 사람이 썼기 때문이다.

이 책이 세상에 나오게 된 과정은 책의 가치를 가장 잘 보여준다. 모순을 삶으로 살아내는 일은 힘들고 고통스럽지만 그러한 순간에도 모순을 살아냄으로써 비로소 이 책이 나올 수 있었다. 그런 점에서 이 책은 한 가지 일관된 주장만 하지 않으며, 오히려 매우 급진적인 생각에 대한 여섯 가지 실험을 담고 있다. 그 실험에 관한 이야기를 하나하나 읽어갈 때마다 나는 나의 삶에 대해 깊이 생각하지 않을 수 없었고, 파커가 가리키는 방향을 향해 움직이고 싶은 마음과 그렇게 살고 싶지 않은 마음 사이에서 갈등할 수밖에 없었다.

파커는 이 책에서 고독과 공동체, 사회적 행동, 정치적 책임, 기도, 묵상이라는 매우 근본적인 주제를 다루고 있다. 아일랜드의 성직자 윌리엄 존스턴(William Johnston)은 이런 주제들에 대해 다음과 같이 이야기한다. "신앙이란 … 겸손한 마음으로 … 역설을 받아들이는 영혼의 깊은 영역 안으로 뚫고 들어가는 돌파의 여정이다." 겸손함으로 역설을 받아들이는 신앙이야말로 이 책의 다양한 조각들을 하나로 묶는 공통된 정신이다. 그 정신으로 말미암아 이 책은 읽을 만한 가치를 갖게 되었다.

지난 수년간 파커 파머는 내게 많은 것을 가르쳐주었다. 그는 연구할 만한 매우 유용한 개념을 알려주었고, 분명하고 간결하게 생각하는 방법을 보여주었으며, 영감을 주는 많은 사람과 책을 소개해주었다. 그러나 무엇보다도 내게 도전이 되었던 것은 그 어떤 불안과 염려 없이 미지의 세계로 계속해서 나아가는 그의 결단력 있는 삶의 모습이었다. 그는 내게 담대하고 자유롭게 살아가는 법을 가르쳐주었다. 이 책을 통해 우리가 함께했던 수많은 시간을 다른 사람들과도 나눌 수 있다는 사실이 매우 기쁘다.

독자들이 책에 담긴 저자의 정신을 읽어냄으로써 내가 환상과 강박에서 벗어나 새로운 삶의 자유를 찾았던 것처럼 살아가기를 간절히 바라고 기도한다.

출간된 지 30년이 지난 이 책에 다시 생명을 불어넣어주신 모든 분에게 감사의 마음을 전한다. 그중에서도 가장 먼저 조시-바스(Jossey-Bass) 출판사의 편집자인 셰릴 풀러턴(Sheryl Fullerton)에게 감사한다. 그녀는 언제나 내 글에서 나보다 더 많은 것을 보는 사람으로, 나는 그녀의 자신감과 상상력, 노련함과 유머 감각을 늘 고맙게 생각한다.

이 책의 2008년판 서문을 읽고 예리한 통찰로 조언을 아끼지 않은 마시 잭슨(Marcy Jackson)과, 깊은 통찰과 배려, 능숙함으로 전체 원고를 날카로운 편집자의 눈으로 살펴봐준 샤론 파머(Sharon Palmer)에게도 감사한다. 이 둘의 도움으로 내가 말하고자 하는 바를 최선의 방법으로 전달할 수 있었다.

워싱턴에 위치한 서번트 리더십 학교(Servant Leadership School)의 동료들에게도 특별한 감사를 표한다. 이 학교는 세이비어 교회(The Church of the Saviour)에서 설립한 기관으로, 1986년 애덤스 모건(Adams Morgan)에서 시작되었다. 1947년에 설립된 세이비어 교회는 지난 수십 년간 내 신앙에 지대한 영향을 미친 고든 코스비(Gordon Cosby)와 메리 코스비(Mary Cosby), 엘리자베스 오코너(Elizabeth O'Connor)가 세우고 이끌어온 교회다.

서번트 리더십 학교는 아베마리아(Ave Maria) 출판사에서 나온 이 책이 절판되자마자 재출간을 제안했다. 나는 그에 대한 감사와 깊은 존경의 마음으로 책의 판권과 인세 일체를 학교에 위임했으나 조시-바스 출판사에서 개정판을 출간하게 되자, 고맙게도 나에게 판권을 돌려주었다.

세이비어 교회와 서번트 리더십 학교가 어떤 곳인지, 어떤 일을 하는 곳인지 알고자 하는 분들에게 나는 그곳이 기독교 신앙의 전통에 깊이 뿌리를 내리면서도 다른 신앙의 전통에 담긴 진리에도 적극적으로 마음을 열고, 우리 가운데 가장 작은 자를 겸손하면서도 효과적으로 섬기는 최상의 기독교 공동체라고 소개하고 싶다.

나는 기쁜 마음으로 이 책의 세 번째 판 인세 전부를 세이비어 교회의 정신으로 운영되는 서번트 리더십 학교의 선한 사역을 후원하는 데에 쓰고자 한다.

차례

조시-바스 출판사에 근무하는 친구들이 이 책을 다시 출간하자고 제안했을 때, 나는 기쁨을 감출 수 없었다. 자신의 첫 책이 오랜 시간이 지났음에도 계속해서 사람들의 관심을 받는다는 사실보다 저자를 기쁘게 하는 일은 아마 없을 것이다. 그러나 나는 곧 출간된 지 30년이 지난 책을 다시 보는 일은 축복인 동시에 괴로움이라는 사실도 알게 되었다.

사실 책을 다시 내는 일은 내게 괴로움에 더 가깝다. 이번 개정판을 준비하는 과정에서 나는 나이 마흔에 내가 믿었던 바와 오늘날 일흔에 가까운 나이에 내가 믿는 바를 비교할 수밖에 없었다. 그리고 이 일은 내게 무척이나 당혹스러웠다. 초판 표지에는 내 사진을 당당하게 실었다. 지금보다 머리숱이 많은 젊은 모습의 사진이 보기에는 좋았지만, 지금와서 보면 이 또한 매우 당황스러운 일이다. '만일 1980년에 가졌던 확신이 마치 이 사진처럼 당황스러운 것이면 어떻게 하지?', '독자들은 둘째 치고 나 스스로 그것을 받아들이기 어렵다는 생각이 들면 어쩌지?', '특히 첫 저서인 이 책에서부터 가장 최근의 책에 이르기까지 그 안에 담긴 나와 기독교 간의 관계가 변화되어온 점을 어떻게 다루지?'라는 질문이 꼬리를 이어갔다.

이 책은 부제에서부터 십자가의 길과 '정치적으로 옳지 못했던' 사도 바울에 대한 장에 이르기까지 많은 기독교 용어를 사용하고 있다. 그러나 내가 최근 몇 십 년에 걸쳐 쓴 『온전한 삶으로의 여행』(해토, 2007), 『삶이 내게 말을 걸어올 때』(한문화, 2019), 『가르칠 수 있는 용기』(한문화, 2013) 등의 책에서는 하나님이라는 단어를 거의 사용하지 않았으며, 예수님에 대해서도 전혀 언급하지 않았는데, 이는 우연의 결과가 아니다.

나는 벽이 아니라 다리가 되어 내면의 삶을 설명할 수 있는 용어를 찾기 위해 오랜 시간 애썼으며, 그 결과 감사하게도 그리스도인 독자와 비그리스도인 독자를 모두 얻을 수 있었다. 특히 열린 마음과 깊은 통찰력으로 그 간극에 다리를 놓아준 리처드 휴즈(Richard Huges)와 같은 독자들에게 감사한다. 오랫동안 페퍼다인 대학교(Pepperdine University)

서문

의 역사학 교수로 재직하다가 현재 메시아 대학(Messiah College)으로 자리를 옮긴 휴즈는 『가르칠 수 있는 용기』에 대해 다음과 같이 말했다.

> 파커 파머는 '교실 수업을 어떻게 바꾸어갈 것인가'라는 세속적인 주제에 대해 대중을 대상으로 세속적으로 보이는 책을 썼다. 동시에 그의 생각은 퀘이커 전통에 깊이 뿌리를 내리고 있다는 점에서 나는 이 책을 내가 만난 기독교 학문의 가장 뛰어난 모범으로 생각할 수밖에 없다. 내가 이런 시선으로 그의 책을 보는 것은 그 책이 스스로 기독교적인 글이라고 이야기하기 때문이 아니다. 그 책은 분명 그렇게 말하지 않는다. 오히려 기독교의 관점으로 실재를 들여다보기 때문에 세속적인 내용이 힘과 능력을 얻는다고 생각한다.[1]

리처드 휴즈는 내가 택한 전략과 무모함을 아주 잘 알고 있다. 그러나 이 책의 재출간을 앞둔 시점에서 지난 30년간 나와 기독교 사이의 관계가 변화된 것을 생각해볼 때, 나는 모든 독자의 입맛에 맞는 글을 쓸 수 있을 것 같지 않았다.

비그리스도인 독자들은 나의 기독교적 배경을 좋아하지 않을 수 있고, 반대로 그리스도인 독자들은 내가 걷고 있는 방향을 좋아하지 않을 수 있다. 아마도 이런 상황은 출판 시장에서 이 책이 얼마나 팔리는가에 관한 문제와 연결될 수도 있다.

이런 문제에 대해서는 먼저 이번 재출간이 내게 가져다준 축복에 대해 살펴본 다음에 이야기하고자 한다. 나는 우리가 받은 축복이 차고 넘친다는 사실을 기억할 때라야 여러 괴로움을 더 잘 다룰 수 있다는 점을 배웠다. 마치 진정한 용서를 경험할 때라야 나의 어두운 그늘을 더 잘 다룰 수 있듯이 말이다.

나는 이번 재출간을 기회로 내 삶을 형성하는 데 중요한 영향을 미쳤던 사람, 장소, 사건과 그에 대한 기억, 그리고 그로부터 얻은 의미와 다시 연결될 수 있었다. 이러한 기회를 통해 나는 과거에 일어난 기적과 같았던 은혜로운 일과 경험을 떠올리며 다시 한 번 감사하지 않을 수 없었다. 그런 경험이 없었다면 내 삶은 말할 수 없이 황폐했을 것이다. 삶의 모험을 기꺼이 감내하려고 할 때 그러하듯 오로지 괴로움밖에는 없을 것이라 여긴 그곳에 축복이 스며들어 있었다.

나이 마흔에 믿었던 바를 다시 들여다보는 일, 그리고 그로부터 지금까지 나의 영적 여정을 되짚어보는 일은 일흔을 목전에 둔 시점에서 내 삶의 다음 단계를 준비하는 데 큰 도움이 되었다. 지금으로부터 다시 30년이 지난 뒤 나에게 어떤 일이 일어났는지 묻는다면 그때 가서 흔쾌히 대답하리라.

풍성한 축복 _____

책의 내용과 형식에서 어떤 부족함이 있든 간에 이 책은 나에게 중요한 의미가 있다. 내가 걸어온 삶의 여정에서 새로운 문을 열어주었던 모든 사람이 나에게 중요한 것처럼 말이다. 사실 마흔이 된 해에 쓴 이 책이 저자로서 내게 첫 작품은 아니다. 마흔이 되기 전 20년 동안 나는 짧은 글을 계속 써왔고, 몇 권의 책을 출간하기도 했다. 그러나 이 책은 내가 더는 책을 쓸 수 없을 것이라고 굳게 생각했던 때에도 다시 책을 쓸 수 있음을 보여주는 증거가 되었다. 실제로 이 책은 내가 그런 믿음을 고수하고 있을 때 세상에 나왔다. 이 책에는 바로 그 이야기가 담겨 있다.

1978년 봄, 나는 필라델피아 근교에 위치한 퀘이커 교도를 위한 성인 연구 센터인 펜들 힐 연구소의 책임자로 일하고 있었다.[2] 그 당시 나는 이 연구소에서 토머스 머튼(Thomas Merton)에 대해 강의하고 있었으며, 마지막 수업 시간에는 머튼의 마지막 강연을 다룬 영화를 보여줄 생각이었다. 그러나 학기가 일주일밖에 남지 않았는데도 대여를 신청한 영화 테이프가 도착하지 않았다. 나는 겟세마네 수도원에 연락하여 테이프를 언제 받아볼 수 있는지 문의했다가 예약을 이중으로 했음에도 영화 대여 담당 수도사가 그 테이프를 다른 곳으로 보냈다는 사실을 알게 되었다. (수도원조차도 행정적인 실수를 한다는 머튼의 불평이 괜한 말이 아니었음을 깨닫는 순간이었다!)

　　토머스 머튼을 다룬 그 수업에 딱 맞는 마무리를 하고 싶었던 나는 영화 대신 머튼의 '역설의 영성'(spirituality of paradox)에 관한 강의록을 며칠에 걸쳐 준비해야 했다. 역설의 영성은 그의 연구 전체를 관통하는 주제였다. 강의를 준비할 때 나는 원고를 완벽하게 준비하기보다 간략한 개요를 가지고 유연하게 강의하는 것을 좋아한다. 하지만 이번만큼은 예외였다. 한 학생이 사제인 그의 삼촌이 머튼에 대해 관심이 많다면서 강의안 사본을 요청했기 때문이다. 그 후 한 달 남짓 지났을 때, 인디애나 주의 노트르담에 있는 아베마리아 출판사의 편집자에게서 전화가 왔다. 내 수업을 들은 학생의 삼촌이 그 편집자에게 강의안 사본을 보낸 것이다. 편집자는 아베마리아 출판사의 월간지에 그 글을 실을 수 있는지 물어왔고, 나는 흔쾌히 승낙했다.

몇 달이 지나 그 편집자는 다시 전화를 걸어 내 글에 대한 독자의 반응이 뜨겁다면서 역설에 대해 써놓은 글이 더 있는지 물었다. 지난 몇 년간 써놓은 글을 보관하고 있다고 대답하자 그는 10여 편쯤 보내달라고 요청했다. 한 달 후 그는 세 번째로 전화를 걸어 내가 보낸 글 중 여섯 편을 골라 한 권의 책으로 묶을 수 있을 것 같다고 말했다. 나는 이 책의 출판 계약에 기꺼이 응했을까?

그 순간 나는 내가 책을 쓸 수 있을 뿐만 아니라 이미 책을 썼다는 사실을 깨달았다! 바로 선불교에서 말하는 깨달음의 순간이었다. 그 순간 나는 영성 수업 101(역주-대학에서 해당 주제 또는 영역의 가장 기초가 되는 수업)의 첫 번째 교훈인 "주의를 집중하라!"는 말을 떠올렸다. 주의를 집중하면 당신이 바라는 바가 바로 눈앞에 있다는 사실을, 눈으로는 볼 수 없는 감추어진 비밀이 있다는 사실을 발견할 수 있다.

이 책은 이렇게 우연의 결과로 세상에 나왔다. 그러나 이 책을 받아보았을 때, 나는 내가 가능한 한 더 많은 책을 쓸 수 있다는 사실을 깨달았다. 그리고 실제로 그렇게 했다. 1981년에는 *The Company of Strangers*(낯선 자들과의 사귐)이, 1983년에는 『가르침과 배움의 영성』(IVP, 2014)이 출간되었다. 한동안 전력 질주하듯 글을 쓴 다음에는 속도를 늦추어 책을 썼다. 그렇게 25년간 네 권의 책을 세상에 내놓았다.

돌이켜보면 내가 책을 본격적으로 집필하게 된 것은 이 책의 서문을 써준 헨리 나우웬과의 우정과 깊은 관련이 있다. 나는 이 책이 출판되기 여러 해 전인 1970년대 중반에 그를 처음 만났다. 우리는 릴리 재단에서 영성에 대해 논의하고자 구성한 어떤 그룹에 속해 있었다. 당시는 대중이 영성에 막 관심을 갖기 시작할 때였다. 우리는 뉴욕의 한 호텔에서 사흘간 함께하며 수십 건의 사업비 신청을 심사했다. 심사위원들은 심사에 참여한 수당을 받았고, 심사의 결과로 일부 지원자들이 많은 예산을 지원받았다. 그러나 나는 그보다 훨씬 더 의미 있는 결과를 손에 넣었다. 그것은 바로 그 후로 10년간 동역하며 내가 하는 일에 생기를 불어넣어준 헨리와의 우정이었다.

내가 헨리를 만났을 때 그는 이미 대중의 사랑을 받는 유명 작가였다. 그의 고전 작품인 『영적 발돋움』(두란노, 2022)은 나를 비롯한 많은 독자에게 깊은 감동을 주었다.[3] 그는 나보다 일곱 살이 많았지만 지혜로운 선배이자, 집필과 가르침에 특별한 은사를 가진 영적 삶의 거장이었다. 그는 매우 재치 있는 사람이었는데, 이는 내가 신뢰하는 영적 지도자라면 반드시 갖추어야 한다고 생각하는 자질이기도 했다.

헨리는 내가 매우 존경하는 인물이었고 그에 비해 나는 이제 막 첫걸음을 뗀 저자임을 생각할 때, 그에게 내 책의 서문을 써달라고 부탁하는 일은 두렵고 떨리는 일이었다. 그럼에도 헨리는 "당연히 그렇게 할게요"라고 말해주었다. 사실 헨리는 누구에게나 그렇게 대답했다. 한 달이 지나 그는 내게 여러 쪽의 글을 보내왔고, 나를 향한 칭찬이 담긴 그의 글을 도저히 믿을 수가 없어 몇 번이고 읽고 또 읽었다.

나는 그의 글이 나에게만 써준 칭찬의 글이 아님을 잘 안다. 그 글은 헨리 나우웬의 인자하고 열린 마음을 잘 보여준다. 그는 1995년, 너무도 이른 나이인 65세에 우리 곁을 떠났다. 이제는 우리가 그의 죽음이 남긴 너그러움의 빈자리를 채워야 한다.

내가 받은 축복을 되짚어보니 이 책을 다시 출간하는 일은 내 삶에 있어서 가장 변혁적인 시기였던 펜들 힐에서의 11년으로 나를 돌아가게 해주었다. 1930년에 세워진 이 퀘이커 성인 연구 센터는 예배와 연구, 노동으로 구성된 일과를 공유하고 중요한 의사 결정을 공동으로 하는, 약 70여 명으로 구성된 마을 공동체이다. 그곳은 키부츠(Kibbutz, 이스라엘의 집단 농업 공동체)나 아쉬람(Ashram, 힌두교도들의 수행 공동체), 수도원, 선불교 센터, 어떤 경우에는 정신병원의 역할을 한다. 또한 그곳은 내면의 여정에 대한, 그 여정을 지지하는 공동체에 대한, 그리고 내면의 여정이 우리로 하여금 세상의 어려움을 돌보는 옳은 방향으로 나아가게 한다는 것에 대한 변치 않는 영적 교훈을 준 곳이기도 하다.

1975년, 펜들 힐에서 성인 연구 센터의 책임자로 일하기 시작했을 때 내가 받은 연봉은 2,400달러였다. 이는 2008년 물가로 보면 1만 달러 정도에 해당하는 금액이다. 우리 가족을 위한 숙식이 제공되긴 했어도, 이는 버클리 대학에서 박사학위를 받은 사람이 일반적으로 기대할 만한 수준의 연봉은 결코 아니었다. 당시 펜들 힐에서는 정원과 상점, 식당에서 일하는 18세 고졸 직원을 포함하여 모든 사람이 똑같은 보수를 받았다. 이는 퀘이커식 공산주의였고, 시카고의 부유한 노스쇼어에서 자란 백인 남자에게는 커다란 고민거리가 아닐 수 없었다.

펜들 힐에서는 모두가 식사와 관련된 일, 즉 식사를 준비하거나 설거지 등 뒷정리를 하는 일 중 한 가지 일을 담당했다. 나는 설거지를 잘하는 편은 아니었지만 그 일은 식사 준비보다 훨씬 나았다. 그렇게 11년간 나는 점심 식사 후 식탁을 정리하고 설거지하는 기쁨을 누릴 수 있었다. 센터의 책임자로서 기부금을 모으고 강연을 하러 출장을 갈 때는 펜들 힐에 사는 사람이라면 누구나 그렇게 하듯 내 일을 대신해줄 사람을 찾아야 했다. 그렇게 하고 나면 나중에 돌아와서 내 일은 물론 나를 대신해준 사람의 일까지 맡아서 해야 했다. 오늘날 이런 약속에 따라 살아가는 책임자가 있다면 나는 즐거운 마음으로 자원하여 하루 동안 그의 설거지를 대신할 의향이 있다!

그렇다면 펜들 힐의 급여 수준과 역할 분담 방식은 앞서 이야기한 변치 않는 영적 교훈과 어떤 관련이 있을까? 펜들 힐에서는 그러한 교훈의 구체적인 내용을 모두 찾아볼 수 있다. 거기에는 자신의 자격에 대한 자아도취적 감정은 잠시 뒤로하고 나와 같은 많은 사람이 내면의 여정을 향해 한 걸음 나아가게 하는 환경, 그러한 주요 문제들을 대면하게 할 뿐만 아니라 그런 문제들을 적절하게 다룰 수 있는 훈련(함께 침묵하기도 하고, 부드러운 방식으로 진리에 대해 대화를 나누는 일과 같은)을 가능케 하는 공동체, 경제적 불의로 빈곤하게 살아가는 사람들과의 유대를 더욱 깊게 하는 삶의 방식 등이 있었다. 이런 일들은 내가 대학에서 일했더라면 마주했을 영적 도전과는 다른 종류의 것이었다.

이 모든 일을 기억한다는 것은 과거의 일을 돌아보는 일 이상의 의미가 있다. 70세가 다 된 시점에서 나 자신과 나의 세계에 관한 진리를 발견하고 그 진리에 다시금 헌신하는 일은 진정 축복이자 새로운 기회가 아닐 수 없다.

내뱉기 힘든 말들 _____

이 책을 다시 읽었을 때 나는 두 가지 사실을 발견했다. 먼저는 같은 주제로 지금 다시 책을 쓴다고 해도 토시 하나 바꾸지 않을 만한 내용이 많다는 사실이다. 이는 한편으로 내가 여전히 이 책의 내용이 말하는 바를 신뢰하기 때문이기도 하지만 다른 한편으로는 그보다 더 잘 표현할 줄 모르기 때문이기도 하다. 다음으로는 지금이라면 절대 말하지 않았을 내용, 그러니까 출판했을 때 다소 거부감이 들 만한 부분도 있다는 사실이다. 그러나 나는 그런 내용을 그대로 두기로 했다. 40세의 내가 69세의 나만큼 의사 표현의 자유를 충분히 누렸다고 생각하기 때문이다![4]

물론 거부감이 들었던 부분이라고 해도 내 믿음의 근본적인 변화와는 거의 관련이 없다. 나는 여전히 스스로를 그리스도인이라 여기고, 수많은 기독교 전통은 내 삶을 이루고 있다. 그러나 지금 내 믿음을 전통적인 기독교 용어로 다 표현하기는 어렵다. 전통적인 기독교 용어들이 신학을 왜곡하는 자들에 의해 오염되고 훼손되었기 때문이다. 물론 기독교적 표현이 공적 영역에서 수치를 당한 일이 처음은 아니다. 그러나 내가 말하고자 하는 폭력은 바로 지금 여기에서도 일어나고 있으며, 그러한 폭력으로 인한 상처는 적지 않다.

기독교라는 빛이 내 삶을 비추지 않았더라면 나는 어둠

속에서 길을 잃었을 것이다. 그 빛은 성육신, 은혜, 성찬, 용서, 축복과 같은 진리 및 죽음과 부활이라는 역설적인 움직임 속에서 발견한 것이었다. 그러나 그리스도인이 그들의 빛만이 유일한 빛이며, 그 빛에 대한 이해를 공유하지 않는 자는 영원한 멸망에 처하게 될 거라고 말할 때, 나의 마음은 빛을 잃는 듯하다. 그럴 때마다 나는 하나님께서 주신 마음을 회복할 수 있도록 세속적인 세계(이보다는 '광대한 하나님의 세계'라는 말이 더 좋은 표현이라고 생각하지만) 속으로 소리를 지르며 도망가고 싶었다.

나는 경건한 그리스도인이 창문도 없고 생명도 없는 곰팡내 나는 밀실로 문을 닫고 들어감으로써 잃어버린 참됨, 선함, 아름다움을 오히려 세속적인 세계에서 발견할 수 있었다. 신학적 오만함으로 인해 빛을 잃어버린 그리스도인 옆에는 오히려 진실한 무신론자가 태양처럼 빛을 낸다. 타자성(otherness)을 배제함으로써 타락한 교회 옆에는 진정한 다양성을 끌어안은 도시가 우뚝 서 있다.

'온유한 자는 땅을 기업으로 받을 것'(마 5:5)이라고 말씀하신 이를 따라 이름 붙여진 기독교가 어쩌다가 이렇게 엄청난 오만함을 양산하게 된 것일까? 오늘날 우리는 다음과 같은 이야기를 어렵지 않게 듣는다. 부와 권력을 가진 집안에서 태어난 한 남성이 있다. 그는 성인이 되어서 20년간 자신의 수고와 지혜보다는 물려받은 특권으로 인해 어떤 어려움도 겪지 않은 채 무질서하고 난잡한 삶을 살았다. 후에 그가 그리스도를 만나 술을 끊고 정치적인 것과 같이 진지한 주제에 대해 생각하기 시작한다.

여기에는 아무런 문제가 없어 보인다. 다만 그가 그리스도를 만난 후 하나님께서 그에게 모든 일에 대해 직접적으로 분명하게 말씀하신다고 믿기 전까지는, 그가 '기도 중에' 얻은 결론이라면 그게 무엇이든 간에 신의 영감을 받은 것이기에 다른 사람에게도 구속력이 있다고 믿기 전까지는, 그리고 분명한 반증이 있음에도 하나님의 영감을 받은 그의 결정이 언제나 옳다고 믿기 전까지는 말이다.

이 남자가 새롭게 발견한 이러한 진지함으로 인해 그의 집안에서 비롯된 연줄과 부를 힘입어 정치적으로 성공적인 위치에 이르고 실세에 접근하게 되었다고 가정해보자. 그가 진리에 대해 알고 있는 바를 생각한다면, 그는 조만간 다시 술을 마시게 될 것이다. 도덕적인 문제와 관련하여 한 사람의 알코올중독과 같은 문제는 망상에 사로잡힌 지도자가 하나님의 이름으로 저지를 수 있는 온갖 사회적, 경제적, 정치적 악행에 비하면 아무것도 아니다. 그와 같은 사람이 권력층에 오래 머물수록 이러한 악행은 '전체주의의 확산'이라는 이름의 피해를 줄 것이다.

만일 내가 이 남자와 같은 길을 걸어왔다면(물론 나도 크게 다르지 않다. 어떤 방법으로든 자기 자신으로부터 구원받지 않아도 되는 사람이 어디 있겠는가.) 내가 풀어야 할 숙제는 그다지 어렵지 않을 것이다. "성인이 되고 난 후 20년 정도는 미숙하고 어리석기에 큰 실수를 저지를 수 있다. 그러나 이제 나에게 다른 기회가 주어졌으니 정말로 겸손하게 살아야 한다."

그리스도 안에서 하나님의 위엄과 은혜를 경험함으로써 자신의 왜소함에서 구원을 얻은 사람이 어찌 겸손하지 않을 수 있겠는가. 여기에는 하나님을 진정으로 만난 것이 아니라 값싼 모조품을 만났거나, 아니면 진정으로 그분을 만났음에도 구원받을 기회를 발로 차버렸거나 하는 두 가지 답이 있을 뿐이다. 다행히 기회는 이런 어리석은 사람에게도, 그리고 나에게도 다시금 찾아온다.

그렇다. 나는 용서와 은혜와 구원(온전하게 되어가는 것을 의미함)을, 그리고 육신(나는 모든 이가 육신이라고 믿는다)이 되신 말씀을 믿는다. 사실 기독교 신앙의 중요한 확신들은 내게 단순한 '신조'가 아니라 그 이상이다. 그것은 앞서 이야기한 사람처럼 부족한 사람인 나 자신을 이해하도록 도움을 주는, 삶을 들여다보는 렌즈이다.

나는 심각한 우울증으로 인해 어두움의 세계로 세 번이나 들어갔다가 겨우 살아 돌아왔다. 십자가, 죽음과 부활, 그리고 은혜는 내 삶의 친근한 이정표가 되어주었다. 기독교는 내게 있어 꾸며낸 이야기(믿지 않는 사람들이 그렇게 말하듯)가 아니며, 각종 의무로 가득한 윤리 연극(신자들이 간혹 말하듯)도 아니다. 기독교는 순전하고, 두렵기도 하며, 모두를 감싸 안기도 하고, 현실에 대해 있는 그대로 이야기함으로써 궁극적으로 평안을 주는 길이다.

나는 내가 아는 현실을 있는 그대로 이야기하고 대하는 이 강력한 방법 없이 살아갈 수 있다고 생각하지 않는다. 그러나 어떤 그리스도인과 교회는 이 능력을 충분히 누리며 살고 있지 못하다는 사실을 확실히 안다. 어떻게 하나님의 은혜를 믿는 사람이, 그가 우리 삶에서 일하시는지에 대한 특정한 이해에 동의하는 사람들에게만 그 은혜가 적용된다고 믿을 수 있다는 말인가.

그리스도인들이 "하나님께서 인간의 죄를 대속하기 위해 예수님을 십자가에서 죽게 하셨다. 따라서 당신이 구원받고자 한다면 예수 그리스도를 믿어야 한다"라고 말할 때 나에게는 점점 더 많은 질문이 생긴다. 속죄를 위해 피를 요구하시는, 그것도 자기 아들의 피를 요구하시는 하나님은 대체 어떤 분이신가? 아버지인 나는 상처 받고 화가 치민 순간에 한두 번은 내 아이들을 '죽이고' 싶을 때가 있었다. 그러나 그것은 아이들의 잘못 때문이지 다른 이의 죄 때문이 아니지 않은가. 나는 나보다 윤리적이지 않은 하나님을 원하지 않는다. 잘못된 상황을 바로잡기 위해 피의 제사를 지지하는 신학을 바라지 않는다. 그러나 오늘날 이런 식의 이야기가 너무도 많다.

예수님은 당시의 권력을 거슬렀기 때문에 십자가에서 죽음을 맞이하셨으며, 이는 인류 역사에서 계속하여 반복되는 이야기다. 내게 있어 십자가 사건이 구속적인 이유는, 그의 죽음이 꼭두각시 인형이 주인의 계획을 완수한 것이라거나 일종의 우주적인 요술을 부린 것이기 때문이 아니다. 우리 삶의 모든 순간에 우리와 함께 기꺼이 고통을 당하고자 하시는 하나님의 마음을 드러내주기 때문이다. 특히 우리가 권력을 향해 진실을 말하고자 할 때 그렇다. 이것이 바로 '함께(com) 고난 받음(passion)'을 뜻하는 '긍휼'(compassion) 이라는 단어의 의미다. 이는 가장 확실한 위로의 근원이자, 우리가 그것을 다른 이에게도 베풀 수 있도록 우리에게 주시는 하나님의 선물이다. 예수는 그 선물이 구현된 여러 인물 중 한 분이라는 사실을 하나님께 감사하자. 이 세상에는 긍휼의 화신이 너무도 많이 필요하다.

전쟁으로 고통당하는 베트남에 있는 불교 신자, 또는 티베트에서 망명한 불자들을 생각해보자. 이들은 폭력의 희생양이 되어 고통을 겪지만, 동시에 적에게도 긍휼을 베푸는 정의와 평화를 향한 비폭력 운동에 동참한다. 기독교의 눈으로 보면 그들은 '그리스도를 닮은' 사람들이다. 그러나 그들은 베트남 아이들을 공격했던 미군 폭격기를 기억하거나 미국이 티베트를 외면했던 일을 지켜보며 흔히 '기독교 국가'라고 하는 미국을 통렬하게 바라볼 권리를 가지고 있다. 그리고 그들은 이렇게 묻는다. "정말로 예수님이라면 어떻게 하셨을까?"

나는 교회 안에서 성장한 나를 사로잡은 성경 구절, "우리가 이 보배를 질그릇에 가졌으니 이는 심히 큰 능력은 하나님께 있고 우리에게 있지 아니함을 알게 하려 함이라"(고후 4:7)라는 말씀을 다음과 같이 받아들였다. 이 구절은 내가 신학적인 오만함이야말로 비기독교적이라고 공격하는 이유와, 그럼에도 그것을 바로잡을 수 있는 소망이 여전히 기독교 공동체의 힘에 있다고 생각하는 이유를 잘 보여준다.

이 질그릇, 즉 신앙의 신비를 담고 나누는 그릇은 성경과 신학의 모든 말, 우리의 신조에 담긴 모든 교리, 제도 교회를 떠받치는 모든 구조 등을 포함한다. 교황, 속죄의 교리, '하나님'이라는 단어 등 이 모든 말은 금이 가서 물이 새고 깨지기 쉬운 질그릇이다. 이게 얼마나 다행인지 모른다. 왜냐하면 그것은 우리가 결코 이해할 수 없는 너무도 광대한 진리에 뿌리를 내리고 있음을 알게 해주고, 다른 사람의 눈으로 그 신비를 바라보는 겸손을 갖게 하여 그에 관해 더 많이 알아갈 기회를 제공하기 때문이다. 그와 동시에 우리가 신학적인 파시스트가 되지 않도록 해주기 때문이다.

적어도 이론적으로는 그렇다. 그러나 실제로 금이 간 질그릇(cracked pot)은 괴짜(crackpot)가 되기 쉽다. 너무도 많은 그리스도인이 하나님과 그에 대한 자신의 생각이 일치한다고 믿는다. 미국의 베스트셀러 작가 앤 라모트(Anne Lamott)

는 그녀가 믿는 기독교가 지옥으로 가는 편도 승차권이라고 비난하는 사람들에게 다음과 같이 멋진 답변을 했다. 그녀는 그런 말을 한 자들에게 감사를 표한 다음 이렇게 말했다. "당신과 하나님의 차이를 알고 있나요? 하나님께서는 그분이 결코 당신이라고 생각하지 않습니다."

내가 아는 한 자신이 하나님의 진리를 순전한 방식으로 말한다고 믿는 사람이나 다른 어떤 이들이 그렇게 말한다고 믿는 사람(예를 들어, 자신의 말을 결국 성경 구절로 마치는 사람)은 우상 숭배자와 다름없다. 거짓된 신, 인간이 만든 신을 숭배하는 사람이라는 말이다. 나는 그런 자들에게 이렇게 말하고 싶다. "하나님에 대한 당신의 생각이나 내 생각은 하나님과 동일하지 않다. 이는 성경이 증언하는 명백한 상식이다. 그러므로 우리는 하나님을 (서로에 대해서도 마찬가지로) 좀 더 깊이 이해하기를 바라며 서로에게 말하는 법을 배워야 한다."

이런 나의 생각이 옳지 못하다면 너무 늦기 전에 누구라도 내가 틀렸음을 증명해주기를 바란다. 그러기 전까지 나는 자기와 다른 방식으로 세상을 보는 사람들에게 지옥에 떨어질 것이라고 저주함으로써 자기의 죄를 더욱 심각하게 하고 우상 숭배를 심화하는 교회와는 애증의 관계를 계속 유지할 것이다. 나는 이런 우상 숭배자들이 영원한 고통을 받게 되리라 생각하지도, 그렇게 되기를 바라지도 않는다. 다만 그들이 지금 우리가 사는 세상을 지옥으로 만들고 있다는 것은 분명하다. 나는 그들이 생명을 얻기를 바랄 뿐이다.

역설이 약속하는 바는 무엇인가 _____

토머스 머튼이 겟세마네 수도원에서 초임 수사로 강론할 때 그의 강의는 종종 녹음되곤 했다. 그는 어떤 수업에서 그가 담당하는 진지하고도 경건한 수도사 후보생들에게 다음과 같은 말로 강론을 시작했다. "여러분, 영적 삶을 살려면 먼저 여러분의 삶을 제대로 살아야 합니다!"

나는 이 말을 보물과 같이 귀하게 여긴다. 이 말은 종교와 영성의 커다란 문제 중 하나에 유쾌한 방식으로 빛을 비추어주기 때문이다. 그 커다란 문제란 영적 삶이 '세속적' 삶, 그러니까 한 사람으로서 살아가는 삶과 동떨어져 있다는 가정을 말한다. 예상컨대 수련생들은 머튼의 말에 이중적인 반응을 보였으리라. "와, 그 말이 맞아. 나는 삶을 제대로 살 필요가 있어! 아니야, 잠깐만. 나는 이미 삶을 살고 있는데. 하지만 그건 수도원에 들어올 때 두고 온 엉망진창의 삶이었어!"

머튼이 말하고자 하는 바는 우리가 그런 엉망진창 속에서, 그러니까 예측하기 힘든 어려움과 뜻밖의 일들, 예상을 빗나가는 역동이 살아 움직이는 이 땅의 현실 속에서 우리의 영적 삶을 찾아야 한다는 것이었다. 나는 머튼이 "감사합니다!", "도와주세요!"라는 짧지만 유명한 기도문에 새로운 말을 덧붙이는 것을 찬성하리라 생각한다. 새로운 기도는 여전히 단순하다. "이 엉망진창의 삶을 축복하소서!"

만일 우리가 영적 삶을 질서 정연하고 깨끗하며, 올바르고 이치에 맞으며, 복잡하거나 모순이 없는 것이라고 전제하고 이 엉망진창의 삶의 한복판에 서 있다면, 우리는 축복이 아니라 파격적인 변화를 위해 기도해야 할 것이다. 물론 이때 우리가 바라는 변화는 방부제 처리를 하여 화장한 시체와 다르지 않다. 이런 모습은 우리가 하나님의 광대함(wideness)과 강함(wildness)을 부인한 결과이다.

나는 하나님이 우리가 선한 존재가 되기를 바라신다고

믿는다. 그러나 무엇보다도 하나님께서는 우리가 생기 있는 삶을 살기를 바라신다고 믿는다. 생명은 본디 하나님께서 우리에게 주신 선물이다. 그러나 그 선물을 다시 상자에 넣고 포장하여 선반 위에 올려두는 것은 당신의 손가락으로 선물을 주신 분의 얼굴을 찌르는 것과 다르지 않다. 그리스도인들이 비유적으로나 말 그대로라도 다른 사람의 삶을 어렵게 하거나 무너트리기 위해 그들이 갖고 있는 '선'의 개념을 남용한다면—마치 동성애자는 거룩하지 못하다고 선언할 때나 아무 잘못도 없는 시민에게 가하는 폭력을 정당화하려고 하나님을 이용하는 것처럼— 그것은 하나님의 두 눈을 손가락으로 찌르는 것과 같다.

나는 도덕적 질서, 즉 명령이 아니라 대화에 의해서만 이루어지는 질서의 중요성을 부정하지 않는다. (명령에 따른 도덕은 하나님께서 우리에게 주신 자유를 범하는 죄다. 그리도 비도덕적인 과정에서는 도덕적인 질서가 나올 수 없다.) 그러나 무질서가 질서만큼 중요하지 않다면 우리가 어떻게 개인적이면서도 사회적인 창의성과 진보를 만들어낼 수 있겠는가. 최근에 나는 한 친구에게 이렇게 말한 적이 있다. "왜 사람들은 '세상의 중심이 되고자' 할까? 나는 '괴짜'나 중심에서 벗어나 있는 사람에게 훨씬 더 끌린단 말이지. 그들이 진짜 재미있기도 하고 웃음을 주니깐 말이야!"

역설이 약속하는 바는 질서와 무질서같이 서로 반대되는 것처럼 보이는 것이 우리 삶 속에서 연결될 수 있다는 것이며, 우리가 양자택일을 '양쪽 모두 선택'으로 바꾸면 우리 삶이 더 넓어지고 빛으로 가득 차리라는 것이다. 이는 기독교 신앙을 비롯하여 내가 아는 인류의 지혜, 그 핵심에 담긴 약속이다. 그게 아니라면 다음과 같은 말을 어찌 이해할 수 있겠는가. "네가 생명을 얻고자 하면 잃을 것이다. 그러나 생명을 잃으면 그것을 찾을 것이다." "먼저 된 자가 나중 되고 나중 된 자가 먼저 될 것이다." 예수 그리스도가 온전한 인간이면서 동시에 온전한 신이었다는 말은 어떤가? 하나님이 계시다는 사실은 알지만, 그 하나님을 안다고 말할 수 없다는 말은?

사전적 정의로 역설은 "자기 모순적이거나 불합리한 듯 보이나 사실은 그럴 만한 진리를 표현하는 진술"이다. 노벨 물리학상 수상자인 닐스 보어(Niels Bohr)도 본질상 이와 다르지 않은 말을 했는데, 내 생각에 이 말은 이 주제에 대해 읽은 것 중에서 가장 명확한 말이기도 하다. "참된 진술의 반대는 거짓된 진술이다. 그러나 심오한 진리의 반대말은 또 다른 심오한 진리일 수 있다."[5]

여기에서 우리는 "~일 수 있다"라는 표현에 주목해야 한다. 모순처럼 보이는 모든 것이 다 역설은 아니기 때문에 이를 잘 분별해야 한다. 아무리 많은 대통령이 다른 방식으로 말했다고 하더라도 전체주의적인 구호인 "전쟁이 곧 평화다"와 같은 슬로건은 역설로서의 자격이 없다. 이와 달리 우리가 홀로 서는 동시에 공동체를 위해 지음 받았다는 사실은, 받아들이지 못한다면 위험에 빠질 수 있는 진정한 역설이다.

진정한 역설을 받아들이는 힘은 복잡한 사상을 이해하는 지적 능력 그 이상이다. 그것은 복잡한 경험을 내 안으로 끌어안을 수 있는 삶의 기술이다. 타자와의 만남을 예로 들어보자. 그는 나와 다른 곳에 서 있는 사람이기 때문에 나와 다른 현실을 본다. 그 사람은 우리의 생각뿐만 아니라 어떤 면에서는 우리의 삶과도 모순된다. 그리고 그런 모순은 우리에게 위협으로 다가올 수 있다. 우리에게 이런 모순을 역설―우리의 생각과 마음을 새롭고 낯선 일에 열어놓도록 하는 양쪽 모두―로 나아가게 할 힘이 없다면 우리는 우리의 본성에 내재된 것, 즉 "맞서 싸우거나 그로부터 도망가는" 반응을 보이기 쉽다. 그러나 역설이 약속하는 바를 알게 되면 타자와의 만남은 우리의 세계를 더욱 넓고, 더욱 관대하며, 더욱 희망 가득한 곳으로 만들 수 있다.

아니면 내가 "비극적인 틈새 사이에 서 있는 일"이라고 부르는 경험을 예로 들어보자. 외교 관계에서부터 직장 내 일과 십대 청소년을 키우는 일에 이르기까지 우리는 현실과 가능성 사이에서, 실존하는 일과 가능한 일과 당위적인 일 사이에서 살아간다. 그러나 우리가 국가와 동료, 또는 자녀와 함께 기꺼이 "거기서 버티고자" 한다면—현실과 가능성 사이의 사라지지 않는 긴장을 안고 새로운 일이 생기기를 기대하며—, 우리는 더 나은 현실을 향해 나아가는 일에 참여하게 된다.

틈새에 서는 일은 결코 쉽지 않지만 그렇지 않은 대안들은 무책임한 경우가 많다. 그런 무책임한 대안 중 하나는 현실의 편에 서 있다가 신랄한 냉소주의에 빠지는 일이다. 또 다른 대안은 지나치게 가능성만 찾는 편에 서 있다가 부적절한 이상주의에 빠지는 것이다. 양쪽 모두 우리를 행동하지 못하게 한다. 그러나 우리가 양극단에 빠지지 않고 그 사이에 선다면 '더 나은 본성'에 이르기까지 성장해야 할 자녀, 직장, 또는 세상의 진보에 생기를 불어넣는 역할을 할 기회를 얻게 된다.

우리는 틈새에 서고자 한다면 반드시 역설이 약속하는 바를 알아야 한다. 지적인 차원보다 더 깊이 아는 일, 성경에 나오는 유명한 시 한 구절이 말하는 대로 그것을 아는 일이 중요하다. "말씀이 육신이 되어 우리 가운데 거하시매, 은혜와 진리가 충만하더라"(요 1:14). 나는 예수님을 묘사하는 이 성경 구절이 우리 모두의 부르심을 설명하고 있다고 믿는다. 그 부르심은 우리의 모든 자아를 가지고 우리에게 주어진 진리를 붙들며 그 진리를 삶으로 살아내는 것이다.

여러 해에 걸쳐 나는 내게 생기를 불어넣어주는 어떤 아이디어가 떠오르면 이렇게 간단한 질문을 하곤 했다. "어떻게 그 아이디어에 바퀴를 달 것인가?" 이 질문은 "말씀이 육신이 되어"를 거칠게나마 구현하는 일이었지만 내게는 적잖은 효과가 있었다. 이 책의 초판이 출간된 후 30년간 나는 역설이라는 개념에 바퀴를 다는 경험을 했다. 그것은 나와 다른 이들로 하여금 긴장을 놓지 않고 살아감으로써 우리의 마음과 생각을 예상치 못한 새로움에 열어놓는 경험이었다.

예를 들어, 우리는 교회를 비롯한 다양한 공동체가 공동의 결정을 내리는 과정에서 역설이 약속하는 바를 경험할수 있다. 물론 반대로 경험하지 못할 수도 있다. 우리가 다수결에 의한 결정을 내리면, 그것은 사람들에게서 창조적인긴장을 유지하는 법을 배울 기회를 박탈한다. 다수결의 원칙 아래에서는 투표로 의사결정을 함으로써 반대 의견 사이에서 일어나는 긴장을 '해소해버리고' 만다. 실제로는 원하는 바를 얻지 못한 편의 억울함이 그 후로도 지속되어 앞으로 나아갈 힘을 약화시킬 수 있음에도 말이다.

그러나 합의로 어떤 결정을 내리면, 즉 모든 이가 기꺼이받아들일 때까지 결정을 미루면 사람들은 상대편의 말에귀 기울이는 법을 새롭게 배울 수 있다. 이렇게 되면 질문은"어떻게 상대방이 틀렸음을 충분히 드러내어 표결에서 이길 수 있을까?"가 아니라 "어떻게 하면 당신이 가진 진리를배움으로써 나의 앎이 확장되고, 당신의 앎이 확장되도록나의 진리를 드러낼 수 있을까?" 하는 것이 된다.

합의의 원칙을 따르면 서로 모순되어 보이는 관점 사이의 긴장을 유지하게 되고, 때로 그 결과로 더욱 크고 새로운진리가 나타나서 우리에게 놀라운 행복을 가져다준다. 바로 이것이 역설이 약속하는 바다.

서문을 맺으며 _____

　나는 이 책의 초판을 다시 읽으며 오늘날 내가 고민하는 수많은 질문을 30년 전에 이미 다루었다는 사실을 발견하고 놀라지 않을 수 없었다. 내가 쓴 모든 책에는 역설이 계속해서 등장할 뿐만 아니라 이 서문을 쓰는 동안 머릿속에서 구상하는 새로운 글에도 역설에 관한 이야기가 들어 있다.

　나는 이 점을 이렇게 설명하고 싶다. 우선 나는 본래 타성에 젖어 잘 변하지 않는 사람이다. 또한 나는 오직 한 권의 책만을, 그리고 그 책을 여러 번 다시 쓰는 유형의 저자이다. 마지막으로, 우리는 죽는 날까지 유지되는 개인 본연의 정체성을 가지고 태어나기 때문에 근본적인 질문 또한 쉽게 변하지 않는다. 나는 품위 있어 보이는 마지막 설명이 가장 마음에 든다.

　오랫동안 나는 "좌절을 타고난 사람!"이라는 차량용 스티커를 붙이고 다니고 싶었다. 나는 좌절하기를 두려워하지 않고 그 상태에 머무는 것을 좋아하는 게 내 정체성의 일부이며 타고난 은사라는 믿음을 갖게 되었다. 이는 진심으로 '은사'가 아닐 수 없다. 좌절감은 글 쓰는 일을 비롯하여 내 삶에 생기를 가져다준다. 일반적으로 작가는 그 분야의 주제에 관한 전문가라고 할 수 있다. 그러나 나는 완전히 숙달했거나 충분히 이해한 주제에 대해 글을 써본 적이 없다. 나는 어떤 분야에 전문가라고 부를 만한 수준에 도달하면 곧바로 지루함을 느낀다. 글쓰기는 지루한 주제로 씨름하지 않더라도 충분히 힘든 일이다. 나는 어떤 주제에 대해 글을 쓰고 난 뒤 여전히 좌절하면서도 또다시 그 주제에 대해 글을 쓰는데, 이는 그 주제가 끝 모를 신비로움을 담고 있기 때문이다.

초기에 내가 좌절감을 느낀 주제는 이 세상과 세상이 작동하는, 또는 작동하지 않는 방법에 관한 것이었다. 그 후에는 '사람들이 이렇게 살아가는 이유는 무엇일까?'와 같이 다른 사람들에게로 글의 초점이 옮겨갔다. 마침내 나는 모든 좌절감의 근원이 자기 자신에게서 비롯된 문제이며, 나 스스로에 대해 좀 더 투명해지려고 하지 않는다면 다른 이들과 이 세상도 투명하지 않은 채로 존재하게 된다는 것을 깨달았다.

실제로 내가 오랜 기간 역설에 매료된 이유는 나 자신에 대한 오랜 좌절감에서 비롯되었다. 나는 30년 전 이 책의 첫 페이지에 이렇게 썼다.

> 모순과 역설, 상반되는 것 사이에 생기는 긴장감은 언제나 내가 경험하는 일들의 한복판에 놓여 있었고, 이는 나만 겪는 일이 아닐 것이다. 우리 삶은 마치 갈대처럼 이리저리 흔들린다. 내가 믿는 바와 실제 내 삶의 모습이 부딪치기도 하고, 때로는 나의 강점이 약점에 의해 상쇄되기도 한다. 나라는 존재, 그리고 나를 둘러싼 세상은 온전하게 통합되어 조화를 이루기보다 서로 맞지 않아 불협화음을 내는 것처럼 보인다.

나는 역설을 통해 지난 30년간 인격의 성숙을 향한 약간의 진전을 이룰 수 있었다. 그러나 앞서 이야기한 말은 여전히 내 삶에 남겨진 문제이자 적어도 내가 살아 있는 한 계속해서 겪게 될 일이다. 그러하기에 나는 "요나처럼 나도 역설의 한복판(물고기 뱃속)에서 내 운명을 향한 여행을 계속하고 있다"는 토머스 머튼의 말에서 위안을 얻는다.

요나는 큰 물고기에게 삼켜졌다가 살아난 사람으로 유명하며, 그의 이야기는 성경 요나서에 기록되어 있다. 그는 하나님의 부르심을 피하려고 했고, 그가 도망가기 위해 올라탄 배의 선원들은 그를 큰 물고기가 사는 바다로 던져버렸다. 그러나 큰 물고기는 요나를 잘게 씹어 먹지 않고 통째로 삼켜서 그를 니느웨, 즉 하나님께서 처음 그에게 가라고 말씀하신 바로 그곳으로 데려갔다. 이 이야기에는 또 하나의 역설이 들어 있다. 진정한 부르심으로부터 도망간 것이 오히려 부르심을 향해 나아가는 가장 확실한 길이 될 수도 있다는 사실이다. 바닷물에 흠뻑 젖어 냄새나는 채로 그곳에 다다랐다고 하더라도 말이다.

물론 현실에서 그렇게 도망간다면 큰 위험을 감수해야 할 것이다. 나는 오랜 기간 내가 일하는 사무실에 프리츠 아이헨베르크(Fritz Eichenberg)의 목판화 원본을 걸어두었다. 18인치 높이(약 45cm)에 12인치 폭(약 30cm) 크기의 목판화는 위에서부터 아래까지 요나의 이야기를 그리고 있다. 그 목판화는 어두움과 소란, 바다의 괴물, 폭풍이 몰아치는 바다, 절체절명의 상황으로 가득했다. 그리고 그림의 맨 아랫

부분에는 요나가 안전하게 해안에 도착한 모습을 보여준다. 나에게 이 목판화의 그림은 인생의 바다를 항해하는 것이 무엇인지를 잘 보여준다. 공적이거나 사적인 부르심을 따라 애쓰고 맞서다가 굴복하고, 물에 빠졌다가 다시 떠오르고, 그러면서도 어찌 되었든 누군가의 인도를 받는 모습 말이다.

목판화의 한가운데에서 왼쪽 부분에는 어둠을 뚫고 쏟아져내리는 빛으로 가득한, 이 모든 상황을 내려다보는 눈이 그려져 있다. 이는 분명 하나님의 눈이다. 언제나 요나를 바라보고 계시는 눈, 다시 말해 '그를 꿰뚫어보시는' 눈이다. 이 말에는 정말로 멋진 이중의 의미가 담겨 있다. 하나님께서는 요나와 그의 환상과 망상을 모두 꿰뚫어보시고, 끝까지 요나와 함께하신다는 사실이다.

물론 우리에게 도망을 치다가 바다로 던져지거나 짐승의 뱃속으로 잡혀 들어가는 일이 일어나지는 않을 것이다. 그러나 마침내 멀리 떨어진 해안에 다다라 숨을 돌리고 몸을 추스르며 주위를 둘러보았을 때, 무언가가 우리를 계속해서 인도하고 있었음을 분명히 알게 될 것이다.

아이헨베르크의 목판화를 보고 있자니, 예를 들어 어떤 그림의 중앙에 풍요로운 은퇴 후의 삶을 즐기는 두 신사가

19번 홀을 향해 페어웨이를 여유롭게 걷고 있는 장면의 중앙에 빛으로 가득한 눈을 그리는 일은 예술적인 면에서 전혀 맞지 않는다는 생각이 든다. 험난한 배경이 있어야만 무언가를 꿰뚫어보는 눈이라는 이미지가 의미를 갖게 되고, 어둠과 빛의 역설, 즉 눈먼 모습과 볼 수 있는 모습 사이의 역설이 완성된다. 이 의미를 1950년대 팝송의 한 구절로 축소하는 게 맞을지 모르겠지만 "당신은 다른 것 없이는 이것을 가질 수 없어요"라는 말은 역설이 약속하는 바를 잘 보여준다고 생각한다.

이 말은 "당신은 모든 것을 가질 수 있어요"라는 뜻이 아니라 그 모두를 받아들여야 한다는 뜻이다. 당신이 거기에 있는 삶을 원한다면 말이다. 19세기 뉴잉글랜드의 문학평론가인 마가렛 풀러(Margaret Fuller)는 "나는 온 우주를 받아들인다!"라는 유명한 말을 남겼다. 영국의 비평가이자 역사가인 토머스 칼라일(Thomas Carlyle)은 이에 대해 "이런! 그녀가 나보다 낫다니!"라는 말로 응수했다고 한다.[6]

어쩌면 빈정대는 말로 들릴지 몰라도, 실제로 마가렛 풀러는 자신의 말을 실천하기 위한 선택을 했다. 그녀는 무언가를 받아들이는 대신 인생의 복잡함과 모순을 거부할 수도 있었다. 또한, 세속적이든 종교적이든 모든 사람과 신념체계가 항상 그러하듯, 세상은 단순하고 우리가 세상의 주관자라는 환상을 만들어내기 위해 그것을 작은 변수로 축소할 수도 있었다.

그러나 이러한 사고방식은 우리를 슬픔의 세계로 이끌 뿐이다. 내가 글을 쓰고 있는 이 순간에도 이라크에 개입하는 미국의 모습을 볼 수 있다. 무엇과도 비교할 수 없을 만큼 슬픈 일이다. 이는 이라크 지역의 복잡성을 미국의 군사력으로 간단하게 해소할 수 있다는 미국 중심의 사고방식이 아닐 수 없다. 1945년 이후로 미국이 승리하지 못한 전쟁인 베트남전은 굳이 말할 필요도 없다. 그러나 인간의 마음이 때때로 자유의 달콤한 공기와 함께, 아무리 폭압적이라고 하더라도 독재 정부가 만들어내는 질서 또한 갈망한다는 역설적인 복잡성을 기억했더라면 미국은 이 나라의 사명에 대해 확신을 덜 가졌을 것이다. 또한, 미국의 국가적 딜레마와 이라크의 현실에 대해 전과는 다른 건설적인 방법으로 대응했을 것이다.

우리 모두 그러하듯 만일 당신이 역설의 한복판에서 당신의 운명을 향해 여행하고 있다면 그 무엇도 확실한 것은 없다. 그러나 창조의 기회는 우리 앞에 무궁무진하게 펼쳐져 있다. 이 진실에 맞서고자 하면 인생은 참혹해질 것이다. 그러므로 그 진실을 받아들이라. 그러면 인생은 고래 위에 올라타는 모험이 될 것이다.

2008년판을 출간하며
파커 J. 파머

제1장

역설의 한복판에서

토머스 머튼(Thomas Merton)은 트라피스트 수도회의 수사로 지낸 지 12년이 되던 해에 일기 형식의 책인 『토머스 머튼의 영적 일기-요나의 표징』(바오로딸, 2009)을 세상에 내놓았다. 나는 이 책이 출판된 지 15년이 지나 처음으로 이 책의 서문을 읽고 나의 스승이자 친구인 그에게 깊은 감명을 받았다.

예수께서는 자신을 이해하지 못하는 세대에게 "선지자 요나의 표징"을 통해 약속하셨고, 이 표징은 다름 아닌 그 자신의 부활의 표징이었다. 그리스도인은 그리스도의 부활의 능력으로 살아가기에 모든 … 그리스도인의 삶에는 요나의 표징이 새겨져 있다. 나는 내 삶이야말로 이 위대한 표징으로 점철되어 있다고 생각한다. … 왜냐하면 요나와 마찬가지로 나 역시 역설이라는 이름을 가진 큰 물고기의

뱃속에서 내 삶의 운명을 향한 여정을 발견해가고 있기 때문이다.[1]

이 글은 견고한 신앙의 확신을 나타내면서도 신앙생활에 대한 재치 있고 참신한 이미지를 놓치지 않는다는 점에서 머튼이 쓴 최고의 글임에 틀림없다. 이것만으로도 충분한데 글의 형식뿐만 아니라 내용, 그러니까 삶을 역설이라는 큰 물고기로 보는 관점에 나는 크게 매료되고 말았다.

모순과 역설, 상반되는 것 사이에 생기는 긴장감은 언제나 나의 경험 그 한복판에 있었다. 그리고 이는 나만 겪는 일이 아닐 것이다. 우리 삶은 마치 갈대처럼 이리저리 흔들린다. 내가 믿는 바와 실제 내 삶의 모습이 부딪치기도 하고, 때로는 나의 강점이 약점에 의해 상쇄되기도 한다. 나라는 존재, 그리고 나를 둘러싼 세상은 온전하게 통합되어 조화를 이루기보다 서로 맞지 않아 불협화음을 내는 것처럼 보인다.

나는 이런 삶의 모순이 나의 '영적 삶'에 통렬한 영향력을 미칠 때마다 절망하고 괴로워했다. 나는 이러한 모순과 긴장이 먼저 해결되어야 영적 삶도 날개를 단 것처럼 날아

오를 수 있다고 생각했다. 그래서 하나님께 나아가기 전에 이런 모순을 없애려고 노력했지만, 내 영적 삶은 결코 성숙한 경지에 이르지 못하고 늘 초보 단계에만 머물렀다. 나는 내 삶이 일관되지 못하다고 비난함으로써 영적 삶을 살아가고 있다고 생각했지만, 사실은 이로 인해 더 좌절하고 불안해하며 모순으로 가득한 삶의 결정적인 현장에서 점점 뒤로 밀려나고 있었다.

우리의 삶을 역설이라는 이름을 한 물고기 뱃속 그 한복판이라는 이미지로 그려낸 머튼의 말은 나에게 말 그대로 광명을 비추고 해방감을 맛보게 해주었다. 우리는 이제 삶의 모순을 혼자 힘으로 해결하려고 하지 않아도 된다. 요나가 큰 물고기의 뱃속에서 겪었던 것처럼 삶의 역설은 나를 삼켜 운명의 바다로 떠밀어 놓을 것이다. 그런 점에서 보면 모순이란 영적 삶의 걸림돌이 아니라 필수요소일지도 모른다. 우리는 그 모순을 통해 삶을 살아내는 힘이 우리에게서가 아니라 하나님께로부터 나온다는 사실을 배운다.

토머스 머튼은 우리에게 삶의 모순과 역설을 가르쳐주기에 충분한 자격을 갖춘 사람이다. 그는 고독과 침묵을 맹세한 수사로서 60권이 넘는 책을 저술했고, 당대에 명성이 높은 사람이었다. 숲이 울창한 켄터키 주 언덕 위에 세워진 수도원에 들어가 세속적인 삶에서 멀리 떨어져 있었지만, 인종차별과 군국주의의 위험을 예언자의 눈으로 간파하여 많은 사회운동가의 수호성인이 되었다. 그가 쓴 초기의 저작은 때때로 지나치게 가톨릭적인 인상을 띠었으나, 세계적으로 널리 알려지면서 도교(Taoism)와 선불교(Zen)에도 발을 담갔고, 그로 인해 동양에서는 성육신한 부처로 인정받기도 했다.

머튼은 모순의 한복판에서 오히려 하나님의 은혜를 발견했고, 이 은혜는 삶의 양극단 사이에서 이리저리 끌려다니는 우리 모두에게 주는 선물이기도 하다. 머튼은 그의 에세이를 모아 놓은 책 서문에서 다음과 같이 이야기한다.

나는 내 삶이 온통 역설로 가득하다는 사실을 인정해야만 했다. 그리고 나 자신에게 그런 사실을 변명하지 않고 함께 살아가는 법을 천천히 배워야 했다. 여전히 이 서문은 내가 아직도 완벽하게 그것을 배우지 못했다는 사실을 보여줄 것이다. 하지만 상관없다. 나는 바로 역설, 이전이나 지금이나 여전히 불안정한 삶의 근원인 그 역설 속에서 가

장 커다란 안정을 찾았다. 복잡하기 그지없고 혼란과 자멸
감에 빠지기 쉬운 사람은 특별한 자비가 아니고서는 결코
살아갈 수 없다. 그렇기에 나는 내 삶에 새겨진 바로 그 모
순이야말로 나를 향한 하나님의 자비하심의 징표라고 확
신한다.[21]

나는 이번 장에서 머튼의 사상에 담긴 모순을 살펴보고
그 의미를 되새기며, 우리가 겪는 삶의 모순에 대해 그가 들
려주는 이야기가 무엇인지 살펴보려고 한다.

모순과 역설, 그리고 영적 삶 _____

삶의 모순은 우연히 일어나지 않는다. 우리가 제대로 살
지 못해서 생기는 것도 아니다. 그것은 인간의 본성에, 그리
고 우리를 둘러싼 삶의 환경에 내재되어 있다. 시편 기자의
말대로 우리는 "하나님보다 조금 못"하지만, 동시에 "멸망
하는 짐승" 같은 존재다(시 8:5, 49:12). 우리는 너무도 연약하
거나 지나치게 강한 육체로 옷 입고 있기에 아무리 좋은 통

찰력과 훌륭한 열정을 가지고 있다 해도 결국 실패하고 만다. 영적 날개를 달고 날아오르려 할 때도 욕망과 탐욕이 우리의 발목을 잡는다. 우리가 애써 추구하는 것은 우리를 피해 가지만, 축복은 소리 없이 뜻밖의 모습으로 다가온다. 또 가장 원하는 바를 성취하더라도 그 기쁨은 조금씩 사라지고 만다.

개인의 삶에 나타나는 이러한 모순은 일과 정치라는 공적인 세계에서는 몇 배로 늘어난다. 다양한 가치가 서로 부딪치는 곳이기 때문이다. 예를 들어 자유와 평등은 어떻게 공존하는가? 이 세계는 수많은 이해집단이 한정된 자원을 두고 다투는 곳이며, 집단의 생존법칙에 따라 우리의 비전을 양보하기도 하고, 서로 물어뜯고 뜯기는 자연법칙이 지배하는 곳이다. 이곳은 가장 훌륭한 업적이 가장 안 좋은 부작용을 일으킬 수도 있는 자기모순의 세계다. 의학 기술은 인간의 수명을 연장했지만, 지구 한쪽에서는 기아 문제와 고령화로 인해 고통을 겪는다.

개인의 삶과 공적 세계에서 일어나는 모순 이외에도 우주적 모순이라고 부를 만한 것이 있으며, 거기에는 수천 년간 인류를 혼란에 빠트린 종교적 수수께끼 같은 하나님도 포함된다. 사랑으로 충만하고 전지전능한 하나님이 계신다면 이 세상에는 왜 악이 존재하는가? 악한 자들은 성공하는데 왜 선을 행하는 사람들은 어려움을 겪는가? 우리가 걸쳐 있고 나아가 양극단으로 찢어지기도 하는 삶의 모든 측면에서 우리는 양립하지 못하고, 낙담하기도 하며, 패배하기도 한다.

토머스 머튼은 모순에 반응하는 방식이 영적 삶에 있어서 얼마나 중요한지를 잘 알았다. 모순을 대면하고 깊이 생각하는 순간이야말로 하나님의 신비로움 속으로 들어가거나 그 신비를 피하는 전환점이다. 결국 "나는 빛도 짓고 어둠도 창조하며 나는 평안도 짓고 환난도 창조하나니"(사 45:7)라고 말씀한 이는 하나님이시다. 이는 모든 어둠과 환난이 악에서 비롯되었다고 탓하는 그리스도인들이 그다지 주목하지 않는 말씀이다.

우리는 온전함에 이르기를 소망하며 영적 여정을 시작하지만, 거기에 이르기 한참 전부터 모순만 첨예해지고 늘어날 뿐이라는 사실을 깨닫는다. 진리의 영은 우리 삶의 거짓된 모습과 모순된다. 성령의 빛은 우리 내면의 어두운 삶과 모순된다. 성령의 온전함은 우리의 부서진 삶의 모습과 모순된다.

어떤 이들은 성령과 자신 사이의 괴리가 너무도 심하게 느껴져서 영적 삶의 여정을 포기하기도 한다. 나와 어울리지 않는 빛 가운데 서 있는 나 자신을 대면하고 싶지 않다는 이유로 오히려 어두움 속에서 살아가는 것이다. 또 어떤 이들은 어두움이 있다는 사실을 애써 부인하고 계속해서 빛이 있는 길로만 걸으려고 함으로써 이러한 괴리를 해결하려고 한다. 어두움의 세계가 우리에게 접근하는 것을 막고 '순전하게' 살고자 하는 마음을 만족시킬 상황을 추구하는 것이다. 어느 쪽이든 하나님과 세상이 교통하고, 빛과 어두움이 공존하며, 모순으로 점철된 위대한 삶의 드라마로부터 멀리 떨어져 있다.

그러나 이쪽과 저쪽 어느 한 극단을 넘어서는 제3의 길이 분명 있다. 그것을 "모순을 살아가는 삶"이라 부르기로 하자. 그리고 삶의 파고(波高)로부터 도망치지 않고, 그것이 우리 삶의 중심에 있음을 인정하자. 왜 그렇게 해야 할까? 그렇게 함으로써 영적 삶이 주는 큰 선물, 즉 모순이 역설로 변하는 순간을 경험할 수 있기 때문이다. 둘 중 하나를 선택해야 한다고 생각했던 양극단은 오히려 우리가 생각했던 것보다 더 큰 진리를 보여주는 징표가 될 수 있으며, 그 진리 안에서 삶은 우리가 가능하다고 생각했던 것보다 훨씬 더 커질 수 있다.

『옥스포드 영어 사전』에 따르면, 모순은 논리적으로 서로 충돌하는 요소가 포함된 진술을 말한다. 이와 달리 역설은 자기 모순적으로 보이지만 가만히 들여다보면 본질적으로는 진리라는 사실이 드러난다. 오래전부터 내려오는 지혜에 대한 수많은 통찰은 전통적인 논리의 규범에서 보면 모순이라고 판단할 만한 것들이다. 그러나 영적 규범에 따르면 이러한 통찰들은 오히려 역설의 진리를 담고 있다.

"자기 목숨을 얻는 자는 잃을 것이요 나를 위하여 자기 목숨을 잃는 자는 얻으리라"(마 10:39).

"선불교를 알기 전 나에게 산과 강은 그 이상도 그 이하도 아닌 산이고 강이었다. 선불교에 입문했을 때 산은 더 이상 산이 아니고, 강은 더 이상 강이 아니었다. 그러나 선불교를 진정으로 알게 되었을 때 산은 그저 산이요, 강은 그저 강이었다"(선불교 격언).[3]

"사랑은 참으로 버리는 것, 더 가지지 않는 것. 나누어주면 결국에는 더 많이 갖게 되는 것."[4]

전통적인 논리로 보면 영적 진리는 자기모순으로 보인다. 논리는 무언가를 나누고 분리하지만, 이와 달리 구도자는 머튼이 삶의 "숨겨진 온전함"이라고 부른, 모든 것의 근원적인 통합을 추구한다. 논리는 합리성의 규칙에 거스르는 것은 무엇이든 진리일 가능성이 없다고 전제하지만, 이와 달리 영성은 우리의 질문이 더 깊어질수록 그런 규칙이 덜 적용된다고 본다. 영적 삶, 즉 비이성적인(irrational) 것이 아니라 이성에 의해 지배되지 않는(nonrational) 영적 삶은 하나님의 진리가 단순한 양자택일로 판단하기에는 너무나도 큰 것임을 확신하며 앞으로 나아가는 것이다. 그것은 양쪽 모두의 복잡성으로만 이해될 수 있다.

여기서 이야기를 더 전개해나가기 전에 염두에 두어야 할 것이 있다. 나는 역설에 담긴 지혜를 드러내려고 모든 진리는 상대적이며 참과 거짓, 옳고 그름 사이에는 결정적인 차이가 없다는 어리석은 주장을 지지하려는 것이 아니다. 그런 어리석음은 오히려 역설의 참된 의미를 약화시킨다.

사실 역설에 담긴 지혜는 일면 결코 역설에 다다를 수 없는 상반된 것들로 가득하다는 사실에서 비롯된다. 우리는 판단 능력을 저버리는 것이 아니라 오히려 그것을 날카롭게 연마함으로써 역설을 이해하게 된다.

역설이라는 말이 마치 마술처럼 우리 삶의 문제를 해소하고, 우리에게서 그 문제에 대한 책임을 덜어주는 주문처럼 사용된다는 이야기가 들리곤 한다. 모순이라는 단어 자체가 모순을 변명하고 정당화하여 모순을 잊게 해줄 것처럼 행동과 신념 사이의 간극을 설명하는 데 사용되기도 한다는 이야기도 들려온다. 그러나 이는 본회퍼가 "값싼 은혜"(cheap grace)라고 부른 것이며, 머튼과 내가 사용하고자 하는 역설의 의미와 전혀 다르다.

우리에게 먼저 필요한 것은 문제를 없애는 것이 아니라, 우리 삶이 걸쳐져 있는 양극단을 충분히 고통스럽게 인식하며 모순을 살아내는 것이다. 그렇게 함으로써 우리는 역설의 한복판으로 뛰어들게 될 것이며, 그 중심에서 한 단계 뛰어넘어 새로운 삶을 경험하게 될 것이다. 이렇게 우리의 삶이 변화되고, 우리의 믿음과 행동은 하나님의 영에 더욱 민감하게 된다. 이런 일들은 하나님만이 해결하실 수 있는 삶의 모순에 우리를 내어 맡길 때만 일어난다. 우리는 결국 요나와 마찬가지로 구원을 얻겠지만, 이는 우리가 어둠 속으로 삼켜질 때라야 비로소 가능하다.

토머스 머튼이 모순과 역설을 통해 우리 자신을 이해하도록 도와준 것과 마찬가지로, 이러한 원리들은 우리가 머튼의 생각을 이해하도록 돕는다. 나는 이러한 목적을 이루기 위해 머튼이 마르크스주의와 도교, 십자가의 길이라는 세 주제를 어떻게 다루는지 살펴보려고 한다. 이 주제들은 서로 모순된 삶의 방식인 것처럼 보이지만, 머튼은 이 주제들 사이의 갈등이 더 깊은 진리로 나아가게 한다는 사실을 보여준다.

이 주제들에 대한 내 성찰은 머튼의 사상에 뿌리를 내리고 있지만, 나 스스로 묵상을 통해 발견한 것이기도 하다. 내가 깨달은 바가 머튼의 생각과 모순되지 않기를 바랄 뿐이다. 그러나 만일 모순된다고 하더라도 오히려 역설은 더욱 풍성해질 것이다.

마르크스주의의 길 _____

머튼이 마르크스주의에 관심을 갖게 된 데에는 몇 가지 이유가 있다. 처음에 그는 세상을 멀리하기 위해 수도원에 들어갔지만, 그곳에서 이내 세상을 사랑하는 방법을 배웠다. 그 사랑을 통해 그는 세상을 움직이는 힘이 무엇인지 알고자 했고, 마르크스주의가 당대에 세상을 돌아가게 하는 시계태엽의 핵심임을 알게 되었다. 당시 많은 그리스도인이 마르크스주의를 반기독교 사상으로 여긴다는 사실은 머튼의 내면에 있는 반골 성향, 그러니까 모든 것의 '반대편', 특히 기독교의 종교적 경건을 뒤흔드는 것일수록 탐구하기를 좋아했던 그를 자극했다. 그리고 머튼이 그의 글에서 이야기하고 있듯이 모순이 마르크스의 삶과 사상의 중심에 있다는 사실이 그를 매료시켰다.

칼 마르크스는 먹고살기 위해 일을 하거나 돈을 위해 글을 쓰지는 않았을 것이다. 하지만 엥겔스에게 자기 대신 글을 쓰게 해서 그 글을 뉴욕 트리뷴에 팔았다. 엥겔스는 영국에 있는 마르크스의 실질적인 후원자였고, 맨체스터 소재의 아버지 소유인 자본주의 회사 임원진 중 한 명이었다. 이러한 모순에서 온화한 소외 이론과 노동의 휴머니즘이 나왔다. … 이러한 모순이 있다고 해서 그가 한 모든 말을 믿을 수 없을까? 그렇지 않다. 그는 사안을 진단하는 일에 서만큼은 매우 훌륭했다. 그는 인간이 물질과 돈, 그리고 기계의 지배를 받게 된 근대사회의 병폐를 알아차렸다. … 그의 삶에 나타나는 내적 모순을 지나치게 혹평해서는 안 된다. 사람은 누구나, 특히 재능을 가진 사람은 일관성이 없는 경향을 보인다. 그들은 자신의 일관되지 못한 모습과 싸우면서 생산적인 활동을 통해 갈등을 분출하고 해결하려 한다. 마르크스가 중요한 이유는 그가 일관성 없는 사회현상을 예리하고도 직관적으로 분석했다는 데 있다. 그는 모든 이데올로기와 사회구조 속에 숨어 있는 모순을 곧바로 간파했다.[5]

마르크스의 이론에 따르면(헤겔에서 빌려온) 모순은 역사를 움직이는 엔진이자 역사적 움직임의 원천이다. 변증법이라 불리는 이 과정은 세 단계로 이루어진다. 어떤 순간에든 역사는 '정립'(thesis), 즉 지배적인 정세에 의해 지배된다. 그러나 결국에는 그 전제에 대한 반대가 일어난다. 이 반대는 '반정립'(antithesis)이다. 이런 긴장 상태에서 '종합'(synthesis)이라고 불리는 우위의 새로운 상태가 출현한다. 그러나 이후 그 종합은 다시 정립이 되고 그에 대한 반정립이 시작되어 정—반—합(正—反—合)이라는 변증법의 드라마는 계속된다.

마르크스는 변증법이 항상 경제적인 요소를 중심으로 발전한다고 생각했다. 경제적 요소가 인간의 삶을 형성하고 변화시키는 유일하고도 진정한 힘이라고 본 것이다. 역사를 움직이는 모순은 경제적인 힘과 권력을 가진 중심 계층과 그 이외의 사람들 간에 형성되는 다양하고 불평등한 관계에서 비롯된다. 자본주의 체제 아래 있는 현대사회의 근본적인 모순은 다음과 같이 간략하게 설명될 수 있다. 극소수의 사람들이 경제력을 좌지우지하는 소유주이고, 대다수의 사람들은 그들의 지배를 받는 노동자이다. 많은 사람이 힘든 노동에도 불구하고 낮은 임금을 받으며 착취당하지만, 소수의 사람들은 그로 인해 어떤 노력이나 선행 없이도 부유해질 수 있다. 마르크스는 이러한 모순이 결국 갈등을 일으켜 노동자가 소유주에게 대항하는 혁명을 일으킨다고 보았다.

정립과 반정립의 충돌은 새로운 종합, 즉 계급이 없는 사회를 만들어낼 것이며, 이 사회는 개인의 능력에 따라 무언가를 내어주고 각자 필요한 것을 갖게 됨으로써 경제적 불의가 사라진 사회이다.

마르크스는 이 모든 것 안에서 종교의 역할을 언급하면서 "종교는 민중의 아편"이라고 신랄하게 비판했다. 그의 주장에 따르면 종교는 경제적인 불의를 정당화하고 가진 자와 그렇지 못한 자의 차이를 합리화하는 데에만 기여한다. 부자는 하나님이 자신을 축복했기 때문에 부자가 되었고, 가난한 자는 그럴 만한 이유가 있어서 가난하게 되었다고 믿었다. 또한, 가난한 사람은 하나님이 그들에게 이 세상 너머의 더 나은 삶, "머지않아 죽었을 때 하늘의 상급"을 약속하셨다고 믿었다. 마르크스가 보기에 종교는, 정의를 이루기 위한 변혁의 능력은 상실한 채 오로지 사람들이 불의한 현실을 인정하고 받아들이도록 약물을 투여하는 힘만 가지고 있을 뿐이었다.

겉으로 보면 마르크스주의와 기독교는 완전히 상반되는 신념 체제로 보인다. 그러나 상반된 이 두 체제는 서로에게서 멀리 떨어져 반대편으로 큰 원을 그리다가 결국 한 점에서 다시 만난다. 머튼은 마르크스주의와 기독교가 실재의 본질에 대한 전혀 다른 전제에서 비롯되었지만 어떤 면에서는 큰 원을 그린 뒤 원점에서 만난다고 보았다. 비록 마르크스주의는 성령의 실재와 능력을 부인하지만, 그리스도인이 쉽게 잊는 버릇이 있다는 점을 기억하게 한다.

예를 들어, 마르크스주의와 기독교는 "종교는 민중의 아편"이라는 관념으로 수렴된다. 종교로서의 기독교가 지적이고 제도적인 형식만을 의미한다면 말이다. 예수님과 예언자들, 많은 신비주의자는 당대에 형식만 남고 죽어버린 종교를 향하여 살아계신 하나님을 경험하라고 소리 높였으며, 본회퍼는 "종교 없는 기독교"를 주장했다. 사람들이 죽은 신앙의 형식에 중독된 상태를 깨트리고 살아계신 하나님을 의지하도록 인도하는 일은 모든 진정한 종교 지도자들의 소망이다. 따라서 제도화되고 지적인 형식만 남은 종교에 대한 마르크스의 비판은 모든 종교 거장들이 힘써왔던 일과 다르지 않다.

또한 마르크스주의와 기독교는 공통적으로 가난한 자들이 겪는 어려움에 관심을 둔다. 물론 미국 기독교의 풍요로운 주류 사회는 이런 면과는 거리가 멀다. 주류를 구성하는 사람들은 종교가 어떻게 예수님 사역의 중심에 불타오르던 가난한 이들에 대한 열심을 꺼트리고 사람들의 의식을 둔감하게 하는 마약이 될 수 있는지를 보여주는 전형적인 예다. 이런 점에서 마르크스의 말은 옳다. 우리는 우리 스스로를 정당화하기 위해 종교를 이용한다. 중산층 미국인에게 있어 종교란 경제적 불의가 두드러지게 나타나는 가운데서 현실에 안주하며 살아가도록 고안된 것이다.

그러나 우리가 본질로 돌아가 맑은 눈으로 신약 성경을 읽으면, 경제적 정의와 구원이 불가분의 관계에 있음을 알게 될 것이다. "너희 가난한 자는 복이 있나니 하나님의 나라가 너희 것임이요"(눅 6:20). "낙타가 바늘귀로 들어가는 것이 부자가 하나님의 나라에 들어가는 것보다 쉬우니라"(마 19:24). 이런 성경 구절이 주일 예배에서 자주 인용되지 않는다면, 그것은 예수님의 관점이 그 중심에 있지 않기 때문이다.

셋째, 마르크스주의와 기독교는 계급 없는 사회라는 개념에서 서로 만난다. 사도행전에 나오는 한 사건은 오순절 사건으로 세워진 교회를 각자의 능력에 따라 나누고 필요에 따라 가져가는 공동체로 그리고 있다. "믿는 사람이 다 함께 있어 모든 물건을 서로 통용하고 또 재산과 소유를 팔아 각 사람의 필요를 따라 나눠 주며"(행 2:44, 45). 초기 그리스도인은 교회를 다가올 세상, 즉 모두가 모두를 함께 돌보게 될 세상의 전령으로 세워진 것이라고 생각했다. 그러므로 하나는 계급 없는 사회를, 다른 하나는 이 땅에 있는 하나님의 나라를 주목하고 있다는 점에서 마르크스주의와 그리스도인의 소망은 매우 유사한 측면이 있다. 경제적 불의를 없애는 일은 하나님 나라의 중요한 표지일 뿐만 아니라 핵심적인 일이기도 하다.

네 번째로 마르크스주의와 기독교가 서로 만나는 지점은 앞서 언급한 세 가지의 기저에 깔린 것으로, 둘 다 우리가 "허위의식", 즉 우리의 기원과 운명에 대한 거짓된 이해에 종속되어 있다고 주장하는 데 있다. 또한 둘 다 그러한 허위의식을 깨트림으로써 우리가 진리를 알게 되고 진리가 우리를 자유롭게 하는 것을 목적으로 한다. 마르크스주의는 우리가 경제적 권력에 속박되어 있는 것을 비판하며 혁명적인 계급투쟁을 통해 해방에 이를 수 있다고 선언했다. 예수님은 우리가 경제적인 부분을 포함하여 죄에 매여 있는 것을 지적하며, 우리가 하나님의 정의와 자비, 사랑을 따를 때라야 비로소 해방의 날이 올 것이라고 선포하셨다. 물론 둘 사이에는 본질적인 차이가 있지만, 모순의 한가운데서 공통된 주제를 발견할 수 있다. 그것은 마르크스주의와 기독교가 동일하게 우리의 이러한 환상을 완전히 깨트리고, 우리의 진정한 상태를 드러내며, 우리를 해방케 하는 길로 나아가도록 우리에게 힘을 주고 있다는 사실이다.

머튼은 기독교와 마르크스주의의 변증법을 모두 받아들임으로써 수사로서의 삶에 대한 비판적인 관점을 갖출 수 있었다. 이러한 관점은 머튼이 마르크스주의의 도움을 받아 기독교의 전통 안에서 발견한 원리에 전제를 두고 있다. 이것이 바로 역설의 힘이다. 서로 낯선 관점들이 우리 자신에 대한 내적 진리를 발견하게 한다! 나는 여기서 수도원 생활에 대한 머튼의 비판을 살펴보려고 한다. 그것은 수사든 아니든 영적 여정을 걷는 우리 모두에게 적용되기 때문이다.

머튼이 마르크스주의에서 가져와 수사들에게 적용한 도전은 다음 문장으로 요약된다. "삶으로 너 자신을 증명하라!"(Justify yourself!) 머튼과 우리가 믿는 "은혜로만 의롭게 된다"는 진리에 따르면, 이 말 자체는 역설이라고 볼 수 있다. 수사 수련생을 대상으로 한 설교에서 머튼은 그들이 음식을 먹을 때마다 그 음식이 있기까지 수고를 아끼지 않은 사람들에게 의존하고 있음을 기억하게 했다.[6] "세상을 떠나온" 수사조차도 완벽하게 세상과 분리된 것은 아니다. 무언가를 먹어야 하는 한, 그는 여전히 세상의 수고에 빚을 지고 있다. 그렇다면 우리는 어떻게 우리의 의존이 일방적이거나 다른 이를 착취하는 것이 아니라는 사실을 확신할 수 있는가? 우리는 어떻게 우리의 생산과 소비가 균형을 이룰 수 있도록 공정한 거래를 하며 살 수 있는가? 우리의 영적 수고는 노동을 통해 우리를 먹이는 사람들에게 어떻게 유용할 수 있는가?

이러한 질문은 우리의 영적인 삶, 하나님과 맺는 관계 그 자체가 목적이기 때문에 외적인 정당성은 그 어떤 것도 찾을 필요 없다고 믿는 자들을 곤란하게 한다. 그들의 말은 옳다. 하지만 역설의 한쪽 기둥에서만 그렇다. "이러므로 그들의 열매로 그들을 알리라"(마 7:20)라는 말씀 또한 옳기 때문이다. 영적 여정에서 열매를 맺어야 한다는 사실은 영성이라는 말이 너무도 자아도취적이고 자기 집착적이며 자기 방종이라는 의미로 통용되는 오늘날 더욱 중요하게 다가온다. 당신과 내가 영적 삶에서 맺는 열매는 무엇인가?

이 질문에 대한 머튼의 대답은 정립과 반정립을 넘어서는 탁월함을 보여준다. 만일 머튼이 마르크스주의 방식을 따라 수사의 삶을 정당화하려고 한다면, 그는 수사들에게 쓸모 있는 재화를 생산하라고 말해야 한다. 그러나 수도원의 수익 사업("주님을 위해 더 많은 치즈를 생산하라!"는 말은 그가 즐겨 쓰던 반어법이었음)에 대해 종종 불만을 표했던 머튼은 그러한 길을 걷지 않았다. 대신 그는 수도원이 "사람들을 길러냄"으로써 세상의 수고에 대한 빚을 갚아야 한다고 주장했으며, 이는 모든 형태의 영적 추구에 적용되는 의무이다.

그렇다면 "사람들을 길러낸다"는 말은 무슨 의미일까? 머튼의 대답은 간단하다. 그것은 사랑하는 힘을 기르는 것이다. 사람들을 길러내는 일은 사랑할 능력을 되찾고 깊어지게 하는 온갖 수고로움을 의미한다. 머튼은 마음이라는 형상을 활용하여 예비 수사들에게 자신의 생각을 전한다.

내가 만일 하나님을 사랑한다면, 마음을 다하여 사랑해야 합니다. 내가 마음으로 그를 사랑한다면, 나는 마음을 가지고 있어야 합니다. 마음을 드리기 위해 마음을 소유해야 합니다. 오늘날 가장 어려운 일 중 하나는 누군가에게 마음을 주기 위해 먼저 그것을 자기의 소유로 삼는 일입니다. 그러나 우리에게는 줄 마음이 없습니다. 우리는 그 마음을 잃어버렸습니다. 그러므로 영적 삶의 첫걸음은 우리가 드려야 할 마음을 되찾는 일입니다.[7]

여기에서 머튼은 마르크스주의와 기독교가 서로 만나는 깊고도 중요한 지점을 암시적으로 보여준다. 마르크스가 노동의 소외에 대해 말했다면, 머튼은 마음의 소외에 대해 이야기한다. 마르크스는 자본주의가 사람들에게서 노동의 진정한 의미와 유익을 빼앗아갔다고 주장하지만, 머튼은 현대 사회가 우리의 마음을 빼앗아갔다고 말한다. 죽음을 목전에 둔 머튼이 마지막으로 한 말에서 이를 어떻게 설명하는지 살펴보자.

소외라는 개념은 기본적으로 마르크스주의자의 용어로, 어떤 경제적인 조건 아래 살아가는 사람이 더는 자기 삶의 성과를 소유하지 못하게 되는 것을 의미한다. 그의 삶은 그의 것이 아니다. 그의 삶은 다른 이가 결정하는 조건에 의해 사는 삶이다. 이런 특정 지점, 즉 초기 마르크스주의 사상에서 매우 중요한 이 지점에서 우리는 지극히 기독교적인 개념을 발견하게 된다. 기독교는 소외를 반대한다. 기독교는 소외된 삶에 저항한다. 사실 신약 성경 전체가 종교적 소외에 대한 저항이다. 이는 마르크스주의의 입장에서도 다르지 않다.[8]

마음을 빼앗겼다는 말은 어떤 의미일까? 이는 우리가 다른 사람과 연결되어 있고 그들의 삶에 관여하고 있다고 느끼는 힘을 상실했음을 의미한다. 우리는 마음을 통해 우리를 둘러싼 사람들과의 연대를 느끼기 때문이다. 낯선 사람에게 공감하지 못하는 무능력은 현대사회의 흔한 병폐 현상이다.

칼 마르크스에게 어떤 결점이 있든 간에 그는 가난한 이들의 어려움을 깊이 공감했다. 그것은 예수께서 "너희가 여기 내 형제 중에 지극히 작은 자 하나에게 한 것이 곧 내게 한 것이니라"(마 25:40)라고 말씀하시며 우리에게 요구하신 공감과 다르지 않다. 그러나 현대사회는 우리의 마음이 굳어지게 만들었다. 수백만 어린이가 기아에 시달리고 수백만 부모가 가족을 부양할 힘이 없다는 사실 앞에서도 우리의 가슴은 찢어지지 않는다. 개인주의적인 삶의 방식은 우리가 홀로 살아갈 수 있고 다른 사람들과 관계를 맺지 않아도 된다고 느끼게 하며, 치열한 경쟁 속에서 다른 사람을 희생시켜가며 우리가 얻는 이익을 정당화한다.

머튼의 말은 옳았다. 우리는 마음을 소유하고 있지 않다. 자기를 보존하고 고양하려는 욕구, 그리고 이러한 욕구를 뒷받침하는 제도적 힘에 우리는 마음을 빼앗기고 말았다. 마음을 나누어주려면 먼저 마음을 되찾아야 한다. 이것이야말로 영적 삶의 최우선 과제이다. 그토록 많은 그리스도인이 마음을 상실한 것처럼 생각하는 마르크스주의가 머튼에게 우리의 마음을 되찾아야 한다는 점을 일깨워주었다는 사실은 얼마나 이상한 일인가! 이것이 바로 역설 속에서 깊어지는 모순의 본질이다.

그러나 마음을 소유한다는 것은 단지 느낌의 차원이 아니다. 마음은 우리의 전인적인 존재를 대변한다는 점에서 우리는 그 느낌을 행동으로 옮기고 '사랑의 공동체'(the Beloved community)를 위해 일할 수 있어야 한다. 이것이 바로 머튼과 기독교 전통이 기존의 권력을 타도하기 위해 폭력적인 방법을 택한 마르크스와 구별되는 지점이다. 그는 역사의 모순이 폭력으로 귀결되고, 억압받는 자들이 억압하는 자들에게 대항하여 전쟁을 선포할 때라야 계급 없는 사회가 올 것이라고 믿었다.

그러나 사회의 변화에 대한 또 다른 입장이 있다. 이 입장 또한 마르크스와 같이 역사의 모순에 주목하지만, 전혀 다른 행동 방안을 제안한다. 비폭력주의는 모든 갈등 너머에 해결책과 통합, 공동선이 있으며, 이는 폭력을 행사하면 사라지지만 인내와 대화, 기도로 만들어갈 수 있다는 입장이다. 대립 구도에 놓여 있는 당사자들은 대게 기도할 기분이 아니기 때문에, 비폭력적인 중재자가 적대자들 사이에서 태도와 행동으로 변화에 생명을 불어넣는 안내자 역할을 한다. 중재자는 말 그대로 '모순을 살아내는' 사람이다.

토머스 머튼은 비폭력적인 삶을 지향했고, 나는 그의 비폭력적 삶의 중요한 원천 중 하나를 살펴보고자 한다. 이를 통해 머튼의 사상을 형성한 또 다른 다양하면서도 중복되는 역설이 드러날 것이다. 머튼은 당시의 중요한 사회개혁 이론이었던 '무심한' 마르크스주의에서 행동이 아닌 마음에 관한 통찰을 끌어냈다. 또한, 올바른 행동을 이해하기 위해 중국 고대 종교인 도교에서 교훈을 얻기도 했다. 도교는 주어진 것을 수동적으로 받아들이고 세상과 멀리 떨어져 지내는 삶을 지지하는 것으로 널리 (그리고 잘못) 알려져 있다. 머튼의 사상에서 역설은 끝이 없다!

장자의 길 _____

무위(無爲)는 "아무것도 하지 않음"이라는 뜻의 한자어로, 머튼이 좋아하여 영어 번역을 돕기도 했던 도교의 고전 *The Way of Chuang Tzu*(장자의 길)에 자주 등장하는 표현이다. 일반적으로 서구 사회에서 사회적 행위를 탐구할 때 이 단어는 그다지 중요하지 않다. 그러나 여기에는 너무도 멋진 역설이 담겨 있다! BC 4세기에 살았던 도가의 스승, 장자의 시에는 도교의 전통 속에서 무위가 어떤 의미를 지니는지 보여준다.

> 물고기는 물에서 나듯
> 사람은 도(道)에서 태어난다.
> 물에서 난 물고기가

연못과 시내의

깊은 그늘을 찾으면

모든 필요가

채워진다.

도에서 난 사람이

아무것도 하지 않음(무위)의

깊은 그늘 속에 침전되어

거침과 염려를 잊으면

아무런 부족함 없이

그의 삶은 안전하다.

교훈: "모든 물고기에게 필요한 것은

물속에 거하는 것이다.

모든 사람에게 필요한 것은

도 안에 거하는 것이다."[9]

겉보기에 이 시는 우리에게 모태로 돌아가라고, 개인의 행복을 위해 사회적인 문제와 압박에서 거리를 두고 물러나라고 말하는 것처럼 보인다. 이 시는 마치 나르시시즘처럼 보여서 적극적인 사회 참여를 촉구하는 마르크스주의와 모순되는 듯하다. 모순이 어떻게 역설이 되는지 알고 싶다면, 또한 머튼은 왜 동양의 도교에 매료되었는지 이해하고자 한다면, 먼저는 일반적으로 정의되고 실천되는 사회적 행동에 대한 머튼의 비판부터 알아야 한다.

머튼이 사회운동가들의 선구자가 된 이유는, 그가 그들의 상황에 대해 매우 분명하게 이야기했기 때문이다. 그는 사랑의 공동체를 이루고자 하는 섣부른 욕구에 이끌린다는 것이 어떤 의미인지 잘 알았다.

더글러스 스티어(Douglas Steere)는, 비폭력적인 방법으로 평화를 위해 투쟁하는 현대의 이상주의자들이 너무도 쉽게 넘어가는 폭력의 한 형태가 널리 퍼져 있다는 사실을 통찰력 있게 제시한다. 그것은 바로 행동주의(activism)와 과로(overwork)다. 현대인의 삶의 분주함과 그들이 느끼는 온갖 압박은 그 삶에 내재된, 매우 흔하게 발견되는 폭력의 모습이다. 자기 자신을 여러 상충되는 상황에 휩쓸려 가도록 내버려두고, 지나치게 많은 요구에 굴복하며, 너무 많은 프로젝트에 매진하고, 모든 상황에서 모든 사람을 도

우려고 하는 일 등은 우리가 폭력에 무릎 꿇는 일이다. 나아가 이는 폭력에 동조하는 일이다. 운동가들이 열광하게 되면 오히려 평화운동은 무력화되고 평화를 추구하는 그의 내적 힘은 파괴되고 만다. 더불어 그가 행한 모든 수고의 열매가 파괴되기에 이르는데, 이는 그 수고가 열매를 맺는 내적 지혜의 뿌리를 죽이기 때문이다.[10]

머튼이 행동주의로 인해 운동가들이 치른 대가에 대해서만 염려하는 것이 아니라는 점을 기억해야 한다. 그는 위장된 폭력으로 인해 사회가 치러야 할 대가에 대해서도 걱정한다. 그는 "행동의 세계에서 하는 사색"(Contemplation in a World of Action)이라는 글에서 이 점을 명확히 밝히고 있다.

자기 이해와 자유, 온전함, 사랑하는 힘을 심화하지 않고서 세상과 타인을 위해 무언가를 하고자 하는 사람은 다른 이에게 줄 수 있는 게 아무것도 없다. 그는 자신의 강박관념, 공격성, 자기중심적인 욕구, 목적과 수단에 대한 그릇된 생각, 교조적인 편견과 생각 이외에 줄 것이 없다. 현대 사회에서 사람들이 자신의 파우스트식 착오와 오해로 인

해 권력과 행위를 오용하는 일보다 비극적인 것은 없다.[11]

이러한 "파우스트식(역주-돈, 성공, 권력을 얻기 위해 옳지 않은 일에 동의하는) 착오와 오해"는 문제의 핵심이며, 도교가 근절하고자 하는 대상이다. 사회적 행동에는 분명 힘이 필요하지만, 인간이 권력 가까이 가게 되면 언제나 문제가 발생한다. 우리는 다른 목적을 이루기 위한 수단으로 힘을 원한다고 생각하지만, 권력을 갖게 되면 그 자체가 목적이 되고 만다. 우리는 공동선을 이루기 위해 힘을 원한다고 생각하지만 이내 그 힘으로 자기를 드높이고 싶은 유혹을 느끼게 된다. 이런 경향은 본래의 목적과는 다르게 행동하게 할 뿐 아니라 역효과를 낳는 행동을 유발하기도 한다. 도교는 우리가 권력에 대해 갖는 생각이 허상일 뿐이라는 사실을 보여주고, 진정한 힘과 올바른 관계를 맺도록 우리를 안내하며, 우리의 행동을 비판하고 명료하게 하는 역할을 한다. 우리는 도(道), 즉 하나님의 비폭력적인 뜻과 함께 행동할 때에만 지상의 평화를 소망할 수 있다.

"이기고자 하는 마음"이라는 장자의 시를 보라. 힘에 대한 우리의 환상이 선한 의도로 시작된 행동을 어떻게 무력화하는지 알 수 있다.

> 궁수가 아무 것도 바라지 않고 활을 쏠 때
>
> 그는 이미 모든 기술을 다 가지고 있다.
>
> 만일 그가 황동 허리띠를 얻고자 활을 쏜다면
>
> 그는 두려움에 떨 것이다.
>
> 만일 그가 금으로 된 상을 얻고자 활을 쏜다면
>
> 그의 눈은 어두워지고
>
> 과녁이 둘로 보일 것이다.
>
> 그는 마음을 잃는다.
>
> 그의 실력은 변함이 없다. 그러나 상이
>
> 그의 마음을 나눈다. 그는 염려한다.
>
> 그는 활을 쏘는 것보다
>
> 이기는 것을 더 많이 생각한다.
>
> 이기고자 하는 마음이
>
> 그의 힘을 사라지게 한다.[12]

이 시는 이기지 말라고 이야기하는 것이 아니다. 오히려 이기는 법에 대해 역설적으로 조언한다. 승리하기 위한 유일한 방법은 승리에 대해 생각하지 않는 것이다. 우리에게 염려하지 말라는 도교의 말은 다양한 욕구에 관심을 두지 말라는 뜻이 아니다. 그러한 욕구를 충족시키기 위한 우리의 바람이 욕구를 충족시킬 힘을 앗아가도록 내버려두지 말라는 뜻이다. 모든 사려 깊은 행동가들은 성공에 대한 욕망과 실패에 대한 두려움이 어떻게 우리의 행동을 왜곡하는지, 어떻게 깊이 있고 지속적인 변화를 끌어내기 위해 끈기 있게 노력하기보다 속임수를 써가면서까지 겉으로 보이는 승리에 만족하게 하는지를 잘 안다. 승리와 패배라는 이원론의 함정에 빠질 때, 우리는 거짓된 힘에 사로잡힌다.

나는 승리에 대해 잊어버릴 때라야 비로소 승리할 수 있다는 역설이 기독교의 기초라고 생각한다. 도가의 사상은 우리가 생명을 얻고자 하면 잃을 것이지만 하나님 안에서 목숨을 잃으면 그 생명을 찾게 될 것이라는 (400년 후의) 예수의 조언을 예견하고 있다. 도교는 우리의 행동이 승리와 패배의 양극은 물론 선과 악이라는 양극단까지도 넘어서야 함을 깨닫게 함으로써 우리를 한 걸음 더 나아가도록 한다.

서구의 정서로는 이를 받아들이기 어렵다. 우리는 이 역설이 너무 멀리 갔다고 생각한다! 옳은 행동을 하려는 어떤 동기나 행동을 판단하는 다림줄이 있다면, 그것은 선악을 구별하는 윤리라고 할 수 있다. 미국의 철학자이자 종교학자인 스즈키(D. T. Suzuki)가 선불교에 대한 기독교의 반응에 대해 쓴 다음의 글은 도교에 대한 우리의 반응에도 동일하게 적용된다.

> 선불교를 믿는 사람 … 선과 악, 옳고 그름, 삶과 죽음, 진리와 거짓의 이원론을 넘어서는 일에 대해 말하는 선불교 신자들에게 우리는 의혹의 눈길을 보낼 것이다. 서구 사상에 깊이 스며든 사회적 가치관은 종교와 밀접하게 연관되어 있어서 서구인들은 종교와 윤리를 같다고 생각하며 그렇게 보면, 종교가 윤리를 덜 중요한 자리로 밀어내는 것은 잘못이다.[13]

그러나 종교는 윤리와 같지 않다. 사실 종교가 퇴락의 길을 걸을 때 윤리가 일어난다고 말할 수 있다.

도교는 우리에게 진정한 종교란 삶에 숨겨진 온전함(wholeness)과 연결되어 있다고 알려준다. 우리가 온전함과 연결되어 있을 때 우리 행동은 그 온전한 전체의 필요에 반응하게 된다. 서로 연결되어 있지 못할 때만 우리가 할 일을 이야기해주는 행동 지침이 필요하다. 삶이 파편화될 때, 서로에 대한 우리의 유기적인 반응은 온갖 '의무들'로 대체된다. 결국 이러한 의무들은 인간의 필요와는 동떨어진 추상적 사고 체계가 되고, 삶을 살아가는 관계라기보다는 수호해야 할 신조로 전락하고 만다.

윤리를 뛰어넘는 삶은 방탕하거나 도덕 훈련을 거부하는 삶이 아니다. 반대로, 온전함에 연결된 삶을 사는 것은 최고의 영적 훈련이며, 여기에서 올바른 행동과 진정한 힘이 나온다. 문학과 사회, 정치 분야에서 활발하게 활동한 영국의 저술가 존 머리(John Murry)는 이에 대해 잘 이야기한다. "선한 사람이 선하게 되는 것보다 온전해지는 것이 더 낫다는 사실을 깨닫는 것은, 이전에 그가 정직하게 살았던 모습이 화려한 길로 통했던 것과 비교하면, 훨씬 더 좁은 길로 들어가는 것이다."[14]

장자의 수많은 시는 '잘 연결된' 삶, 즉 도가 아무런 방해를 받지 않고 창조적인 활동 속으로 흘러들어가는 삶을 그리고 있다. 다음은 그의 시 중 내가 좋아하는 "나무 조각가"(the Woodcarver)라는 시이다.

조각의 장인, 킹(Khing)이 귀한 나무로

종 받침대를 만들었다. 받침대가 완성되자

그 받침대를 본 이들은 모두 깜짝 놀랐다.

그들은 그것이 분명

신의 작품이라고 말했다.

주나라 왕이 조각의 장인에게 물었다.

"그대의 비법이 무엇인가?"

킹이 대답했다. "저는 그저 일꾼일 뿐입니다.

비법은 없습니다. 다만 이렇게 했지요.

전하께서 명령하신 작품을 구상할 때

저는 저의 영혼을 잘 지키고, 그 일과 상관없는

중요하지 않은 일에는 마음을 쓰지 않았습니다.

저는 금식을 하기도 했는데 이는

제 마음을 평안하게 하기 위함이었습니다.

사흘을 금식한 뒤,

저는 욕심과 성공에 대한 것을 잊었습니다.

닷새가 지나자

칭찬과 비난을 잊어버렸습니다.

일곱 날을 금식하자

사지와 함께

제 몸에 대해서도 잊어버렸습니다.

그러자 전하와 궁정에 대한

모든 생각도 사라졌습니다.

작업에 집중하는 것을 흐리는 모든 것이

사라져버렸습니다.

저는 오로지

종 받침대만 생각했습니다.

그러고 나서 숲으로 가서

자연 그대로의 나무를 보고자 했습니다.

딱 맞는 나무가 눈앞에 나타났을 때

분명 거기에서 종 받침대도 나타났습니다.

제가 할 일은

손을 내밀어 작업을 시작하는 것밖에 없었습니다.

만일 제가 이 특별한 나무를 만나지 못했다면

이런 종 받침대가 나올 수

없었을 것입니다.

어떻게 된 것이냐고요?

하나로 모아진 저의 마음이

그 나무에 숨겨진 잠재적인 가능성을 대면한 것입니다.

전하께서 신의 작품이라고 명명하신 그 작품은

이토록 생생한 만남에서 온 것입니다."[15]

　나에게 이 시는 행동에 대한 무한히 풍성한 의미를 담고
있다. 그중 몇 가지만 이야기해보고자 한다. 첫째, 머튼이 이
야기하듯 나무 조각가는 "어떤 정해진 규칙이나 외적인 기
준에 의해 일을 진행하지 않는다."[16] 방법과 기술의 지배를
받는 우리 시대에 이는 이단아와 같은 일이다! 그러나 마음
깊은 곳에서 진실하게 반응하는 행동이 행위의 규칙을 넘어
서는 것처럼, 한 분야의 대가가 되는 일은 규칙과 방법을 넘
어서는 것임을 우리는 잘 안다. 궁극적으로 예술가는 정해
진 규칙이 아니라 영성과 내면의 흐름, 사물의 본질을 따라
일한다. 나무 조각이나 음악, 인간관계 등 어떤 것이든 간에
이것이 위대함에 이르는 길이다. 그것은 운영 편람이 아닌,
행위자와 타인 사이의 깊이 있는 상호 관계에 기초를 둔다.
　둘째, 올바른 행동에 필요한 상호 관계는 역설적으로 우

리에게 "자연스럽게 다가오지" 않는다. 이는 오직 훈련을 통해서만 이룰 수 있다. 나무 조각가가 작업을 시작하기 전에 금식을 한 것은 우연이 아니다. 금식은 (머튼에 따르면) "거리를 두고, 결과를 생각하지 않으며, 이익에 대한 기대를 버리는"[17] 경지에 이를 수 있는 모든 훈련을 대표한다. 이러한 수단을 통해 우리는 이 세상에서 일을 왜곡시키는 성공과 자신에 대한 염려를 뛰어넘을 수 있다. 그런 수단을 통해 우리의 행동과 관련된 온갖 문제, 일, 또는 사람의 고유한 본성을 분별하게 된다.

셋째, 나무 조각가처럼 행동하려면 모든 사물과 사람이 '본성', 즉 한계와 가능성을 동시에 가지고 있다는 믿음을 가져야 한다. 이 믿음은 현대 서구에서는 익숙하지 않다. 서양 문화는 나무에서 사람에 이르기까지 모든 만물이 끊임없이 변하기 때문에 우리가 원하는 것은 어떤 모습으로도 만들 수 있다고 여긴다. 오늘날 종 받침대는 어떤 나무로든 기계를 이용해 가장 적은 비용으로 대량 생산할 수 있다. 사람도 마찬가지로 신체적으로든 심적, 영적으로든 그 모습을 바꾸고 싶다면 이를 가능케 할 충분한 기술이 있다. 나는 대부분의 사회적 행동에 이런 전제가 깔려 있다고 생각한다.

사람은 누구나 행동가들이 '마땅히 그래야 한다고' 생각하는 모습으로 변화될 수 있다는 것이다. 미국의 베트남전 참전이라는 잘못된 결정을 이끈 행동주의가 바로 그러한 증거다.

나무 조각가의 이야기가 주는 메시지는 전혀 다르다. 진정한 행동, 즉 은혜와 아름다움과 진정한 결과물로 가득한 행동은 타인의 본성에 대한 분별과 존중에 기초를 둔다. 그 이유는 간단하다. 타인과 관계를 맺을 때 분별과 존중에 기초해야 우리의 행동이 도를 따를 수 있기 때문이다. 그럴 때 우리는 진정한 힘의 통로가 될 수 있다.

당연히 우리는 우리가 원하는 어떤 방식으로도 종 받침대를 만들 수 있다. 나무의 성질을 고려하지 않은 채 숲에 들어가 아무 나무나 잘라 깎을 수 있다. 종 받침대를 만들 때 도는 전혀 염두에 두지 않을 수 있다. 그러나 이는 세상과 우리 자신에게 커다란 손실을 가져온다. 숲을 오남용하는 일은 우리 자신의 생존을 위협하고, 우리 삶의 질을 떨어트린다. 우리가 하는 수많은 사회적 행동은 실제로 다른 이의 본성을 존중하지 않거나, 인간의 힘에 과도하게 의존하기도 하고 자만에 의해 뒤틀린 행동이다. 머튼은 도가의 사상을 통해 행동의 또 다른 이미지를 알게 되었다. 그것은 긴장과 광기가 넘치는 폭력적인 이 시대를 살아가는 우리가 반드시 알아야 하는 것이다.

　도교는 머튼의 기독교와는 전혀 다른 전제 위에 서 있고, 중요한 지점에서 기독교 전통과 모순되는 것처럼 보이지만(윤리를 평가절하 하는 일과 같이), 그러한 모순을 깊이 따라갈수록 역설은 더욱 선명하게 드러난다. 행동에 대한 도가의 사상은 신약 성경에 나오는 이야기와 많은 점에서 유사하다. 성공에 대해 신경 쓰지 않을 때라야 비로소 성공을 거두게 된다는 도가의 생각은, 생명을 잃음으로써 생명을 얻는다는 성경의 가르침과 일치한다. 결과를 두려워하지 않고 행동해야 한다는 도교의 생각은 "내일 일을 위하여 염려하지 말라"(마 6:34)라는 성경의 가르침과 부합한다. 또한, 도의 통로가 되기 위해 우리 자신을 비워야 한다는 생각은 하나님의 능력이 그를 통해 드러날 수 있도록 세속적인 모든 권력을 버린 사람, "자기를 비워" "죽기까지 복종하셨으니 곧 십자가에 죽으"신(빌 2:7, 8) 그분의 삶에 새겨져 있다.

　그러나 모순은 여전히 존재하며, 십자가에 대한 언급이 우리에게 그 이유를 생각하게 한다. 도교를 믿는 자들은 언제나 드러나지 않는 사람, 관심을 끌지도 않고 반대에 부딪치지도 않는 사람으로 그려진다. 다음 시에 나오는 것처럼 말이다.

> 만일 세상의 강을 건너는
> 당신의 배를 비울 수 있다면
> 그 누구도 당신을 반대하지 않을 것이며
> 당신을 해하려 하지 않을 것이다.[18]

그러나 기독교 전통에서는 하나님의 진리를 성육신하신 분이 십자가 위에서 끝내 죽음을 맞이한다. 기독교의 관점으로 보면 "권력에 진리를 선포하는 일"은 반대와 해악, 배신을 마주하게 된다. 이는 또 다른 모순으로, 머튼의 삶에서 중심축이 되는 것이었다. 머튼의 사상이 그를 어디로 데려가든, 마르크스주의나 도교를 통해서든, 아니면 다른 어떤 것을 통해서든 십자가는 여전히 그의 중심적인 상징이자 실재로 남아 있기 때문이다.

십자가의 길 _____

십자가는 분명한 역사적 사실이다. 십자가는 우리에게 역사의 중요한 모순 중 하나를 보여준다. 인류 역사를 통틀어 사람들은 그들의 삶에 영향을 줄 진리와 선함을 열망해왔다. 그러나 막상 진리와 선함이 인간의 모습으로 우리 앞에 나타나자 우리는 오히려 커다란 위협을 느껴 인류의 소망을 이루어줄 그를 죽이고 말았다.

십자가는 또한 그 모양 자체가 삶의 상반된 것들을 보여주는 모순의 상징이기도 하다. 왼쪽에서 오른쪽으로 이르는 십자가의 가로축은 삶의 '수평적인' 면에서 상충하는 요구와 의무 사이에서 끌려다니는 우리의 모습을 보여준다. 위에서 아래로 이어진 십자가의 세로축은 하늘과 땅 사이에서 끌려다니는 삶의 모습을 나타낸다. 십자가의 길을 걸어가는 것은 이렇듯 반대와 모순, 긴장과 갈등에 의해 찢어지는 것을 의미한다.

그러나 십자가의 길은 평화를 향한 길이기도 하다. 십자가의 두 축이 만나는 중심 지점이 이를 상징한다. 십자가는 그리스도인에게 우리가 살기 위해서 죽어야 한다는 가장 위대한 역설을 이야기한다. 십자가의 길을 걷는 것, 자기 삶의 모순에 의해 찢기고 역설에 삼켜지도록 허용하는 것은 부활을 소망하는 일이요, 요나의 표징을 바라보며 사는 것이다. 그리스도인들에게 십자가의 교차 지점은 변혁의 장소다.

머튼이 마르크스와 장자의 길에서 얻은 통찰은 십자가의 길에 이르러 변혁의 경지에 다다랐다. 머튼은 마르크스주의에서 그리스도인이 자신의 마음을 주기 위해서는 먼저 그의 소외된 마음을 회복해야 한다는 역설적인 암시를 발견했다. 마르크스주의는 유물론과 무신론에 기초를 두고 있지만 풍요로운 서구 기독교 세계에서는 발견하기 어려운, 지상에서 비참한 삶을 살아가는 사람들에 대한 깊은 공감에서 출발한다. 우리는 마음을 회복하는 일을 두려워한다. 그것은 너무 큰 고통으로 인해 그 고통에 압도될까 하는 두려움이다. 우리가 예수님을 좋은 시선으로 바라본다고 하더라도 "간고를 많이 겪었으며 질고를 아는"(사 53:3) 그분의 본을 따르는 일은 두렵다.

마르크스주의의 문제는 고통을 느끼지 못하는 데에 있는 것이 아니라, 그 고통을 생명을 불어넣는 힘으로 바꿀 방법이 없다는 데에 있다. 대신에 마르크스주의는 고통이 자연스럽게 분노와 폭력, 그리고 더 큰 고통으로 나아가도록 내버려둔다. 고통이 해결되지 않고 그대로 있을 때, 그 결과는 더 많은 고통을 가져올 뿐이다. 그것은 고통당하는 사람 안에서 배가되기도 하고, 안식을 찾으려는 헛된 시도를 하는 사람을 통해 다른 이들에게 전가될 수도 있다. 자연 상태에서 고통의 경제는 끝없는 통화의 팽창을 요구한다.

고통으로 가득한 사회에 대한 마르크스의 처방전은 폭력적인 혁명을 통해 노동자 계급이 '독재'를 쟁취하는 것이다. 어찌 되었든 그들은 이렇게 되면 평등하고 평화로운 사회를 이룰 수 있다고 본다. 그러나 우리는 이런 과정이 고통의 지속일 뿐임을 잘 안다. 마르크스주의의 처방대로 폭력과 독재 체제에 의한 사회 변화는 결국 폭력과 독재 체제를 양산할 뿐이다. 마르크스주의 혁명은 억압하는 자와 억압을 당하는 자의 역할을 뒤바꿀 뿐, 그 속에 있는 암울한 정의는 없어지지 않는다. 게다가 마르크스주의는 고통을 평화로 변모시킬 길을 여전히 제시하지 못하고 있다.

이와 달리 십자가는 "이제 고통은 여기에서 끝이다"라고 말한다. 십자가의 길은 고통을 전가하는 것이 아니라 끌어안는 길이며, 파괴적인 충동에서 비롯된 고통을 창조적인 능력으로 바꾸는 길이다. 예수께서 십자가를 받아들이셨을 때, 그의 죽음은 구속하시는 사랑의 능력이 넘쳐흐르는 길을 활짝 열어주었다. 그러므로 우리가 우리의 삶 속에서 십자가와 모순을 받아들일 때, 우리에게는 예수님과 같은 능력이 흐르게 된다. 세상에 우리의 마음을 주면 우리의 마음은 찢길지도 모른다. 하지만 그렇게 찢겨서 열린 마음은 우리가 가진 사랑보다 더 큰 사랑이 흐를 수 있는 통로가 된다. 사랑의 능력으로 고통이 변화될 때라야 진정한 혁명, 즉 우리를 "평화로운 나라"로 인도하는 혁명이 일어날 수 있다.

특히 온 힘을 다해 쾌락을 좇는 이 시대는 십자가의 길을 자기학대라고 말하곤 한다. 그러나 예수님이 말씀하신 고통은 문제가 있는 사람들이 스스로 만든 고통이 아니다. 그것은 우리가 발견하거나 무시할 수 있는, 이미 이 세상에 존재하는 고난이다. 만일 고통이 실제로 존재하지 않고 많은 사람이 겪는 문제가 아니라면, 십자가의 길은 잘못된 길일지도 모른다. 그러나 수억 명의 사람이 굶주리고 거할 곳을 잃었으며 삶의 어떤 희망도 가질 수 없는 세상에서 마치 고통 없는 것처럼 살아간다면, 그것은 잘못된 길이며 문제이다.

십자가의 길은, 한 사람의 삶을 고통으로 파내어 통로를 만들고 그 통로를 통해 영적 치유의 물결이 필요한 세상으로 흘러가도록 하는 것을 의미한다.

물결 이미지는 기독교와 같은 목적을 가진 도교의 '물길'(the watercourse way)을 떠올리게 한다. 그 목적은 우리의 말과 행동, 우리의 존재를 모든 이름 위에 뛰어난 그 능력의 흐름 속에 유입시키는 것이다. 그러나 도교는 일단 우리가 그 물결로 들어가면 편안하게 떠서 흘러간다고 말하는 반면, 기독교는 그 물결에 장애물과 급류의 위험이 가득하지만 그러한 영적 흐름이 마침내 우리를 십자가로 데려다줄 것이라고 말한다.

그리스도인들은 영적 물결이 우리를 십자가 너머로 데리고 갈 것이며, 궁극적으로 십자가의 길은 기쁨의 길이라고 믿는다. 예수님은 "간고를 많이 겪었으며 질고를 아는"(사 53:3) 분이었지만, 또한 "내 멍에는 쉽고 내 짐은 가벼움이라"(마 11:30)라고 말씀하시는 분이었다. 우리는 십자가 위에서 우리의 생명이 아니라 거짓과 환상의 짐을 내려놓는다. 십자가 너머에는 우리를 높이시는 사랑의 능력이 있다. 십자가에서의 죽음이라는 역설은 죽음을 궁극적인 실재로 보는 환상을 없애준다. 우리가 짊어지는 십자가의 교차 지점이 주는 역설은 고통을 통해 환상이 사라지고 진리에 의해 기쁨을 맛보게 된다는 것이다.

십자가의 길은 절망과 환멸이 막다른 골목이 아니라 곧 다가올 부활의 표시임을 알게 해준다. 우리가 환상을 버리기를 두려워하는 것은 바로 그 환상에 의지하여 살아가기 때문이다. 그러나 하나님은 우리가 의지하는 온갖 우상을 끊임없이 부숴버리시는 위대한 분이다. 환상 너머에는 우리가 거짓으로부터 멀어질 때만 볼 수 있는 온전한 진리가 있다. 이러한 고통의 모순 한가운데에서 온전히 살아갈 굳건한 믿음을 가질 때, 우리는 부활과 삶의 변혁을 경험할 것이다.

토머스 머튼은 우리가 성령의 통로가 되고자 할 때 십자가에서 죽어야 할 두 가지 착각이 있다고 있다고 말한다. 첫째는 우리를 하나님에게서, 그리고 서로에게서 멀어지게 만드는 '거짓된 자아'이다. 이는 교만과 가식으로 가득 찬 자아, 자기의 유익을 위해 삶을 영위하는 자아를 말한다. 이는 모순을 애써 무시하고 부인함으로써 모든 모순을 해결하려고 하는 자아이며, 모호함과 고통 없는 세상에서 살기를 소망하는 자아이다. 또한 우상을 숭배하는 자아, 즉 스스로 하나님이라 여기고 자기 형상대로 세상을 창조하려고 하는 자아이다. 우리가 살고자 한다면, 이 거짓 자아는 죽어야 한다. 그러나 이는 우리가 오랜 세월 동안 알아온 유일한 자아이므로, 우리는 그 자아를 지키려고 애쓰다가 견딜 수 없는 고통을 겪게 될 때라야 내려놓는다.

어디에서나 그렇듯 여기에도 역설이 있다! 자아를 잃어버리기 위해서는 먼저 잃어버릴 자아를 가지고 있어야 한다는 것이다. 따라서 각 사람은 다른 이들과 차별화된 거짓된 자아의식을 정립할 필요가 있다. 그 후에라야 '숨겨진 온전함'의 일부가 되기 위하여 영적 분투를 시작할 수 있다. 깊이 들여다보면, 거짓 자아가 죽어야만 진정한 자아가 생겨날 수 있다는 역설이 있다. 자아 해체는 인간성의 상실을 의미하지 않는다. 거짓된 자아가 산산이 부서졌다고 해도 그를 얼굴 없는 하찮은 사람이거나 모조품이라고 볼 수 없다. 그 속에는 언제나 인간적이고 신성한 삶의 기류가 흐르는 한 인격체이다.

십자가에서 죽어야 하는 두 번째 착각은 세상에 대해 우리가 가진 그릇된 인식이다. 첫 번째 착각과 두 번째 착각은 서로 관련이 있다. 거짓된 자아는 '세상'이 우리에게 원하고 요구하는 바가 무엇인지를 우리가 어떻게 인식하는가에 따라 생겨나기 때문이다. 머튼이 특별히 우리의 세계관에 주목한 것은 수도원에 들어온 사람들이 세상을 배척한 자들이었기 때문이다. 세상은 악하지만 영적 삶은 깨끗하다고 생각하는 이러한 유혹에 맞서서, 머튼은 우리가 모순 속으로 들어가 그 기저에 있는 역설을 발견해야 한다고 말했다.

머튼은 예비 수사들을 위한 강연에서 그들이 세상을 동떨어진 실체로 대하는 것을, 즉 그들의 삶에 무언가를 요구하고 어떤 조건을 강요하는 "저기 밖에" 존재하는 실체로 대하는 것을 질책했다.[19] 그는 그런 마음을 품고 세상으로부터 도피하려고 수도원에 들어오는 일은 옳지 않다고 말했다. 그런 인식은 분명 잘못된 것이기 때문이다. 머튼은 세상이 수도원 입구의 경비실에서 시작하지 않는다고 말한다. 우리가 그런 착각에 실체를 부여하고 그런 착각이 우리의 삶을 지배하도록 놔둔다면, 세상은 우리의 에너지를 제한하거나 다른 데로 돌리는 '저기 밖에' 있는 힘이 될 것이다.

다시 이야기하지만, 모순을 살아내는 고통은 우리의 착각을 산산이 조각내는 고통의 일부이다. 우리가 '저기 밖에' 있는 세상에 대한 강력한 환상을 버리지 못하는 이유는 그것이 우리를 곤경에서 벗어나게 하기 때문이다. 우리는 흔히 "내가 그렇게 하도록 만든 것은 바로 세상이다"라고 말한다. 삶의 모순은 세상이 실제로 얼마나 내적인지(internal) 보여주지만, 우리는 변명하기를 멈추지 않는다. 하나님의 뜻에 충분히 반응할 자유가 우리에게 있다는 사실을 받아들이기보다, 세상에는 우리에게 무언가를 강요하는 외적 힘이 있다고 믿어버리는 것이 마음 편하다.

결국 십자가의 모든 의미는 자유로 귀결된다. 긴장과 고난, 죽음과 부활이 모두 지나가면 자유가 찾아온다. 머튼이 이야기한 것처럼 "십자가는 … '세상'으로 포장되어 판매되는 착각의 노예가 된 상태에서 … 우리를 해방하는 유일한 길이다."[20] 십자가는 세상이 '저기 밖에', 우리 너머에 우리를 대항하여 존재한다는 생각에서 우리를 자유롭게 하고, 십자가의 경험은 세상이 우리 안에 영광스러운 모습과 부끄러운 모습으로 다 들어 있음을 알게 해준다.

이로써 우리는 머튼의 이야기에서 진리를 발견하게 된다. "세상은 서로 침투가 가능한 것이지 벽돌로 지은 건물처럼 견고한 것이 아니다. 세상은 우리가 적응해야 할 대상이 아니라 변화시켜야 할 대상이다." 그 세상이 우리 안에 있으므로 우리는 세상에 대해 책임이 있다. 우리가 삶을 어떻게 살아가는가에 따라 세상은 바뀐다. 십자가는 자유를 가져오고 그런 자유를 따라 책임, 즉 정의의 요구에 "반응하는 능력"이 온다.

또 십자가가 가져다주는 해방은 한걸음 더 나아간다. 우리는 모든 착각에서 벗어나 자유롭게 반응할 뿐만 아니라, 우리와 함께 모순의 고통을 담당하시는 하나님께서 이미 세상을 구속하셨다는 사실을 알기에 자유를 누린다. 세상을 구속받지 못한 곳으로 보면 우리는 스스로 세상을 구속하고 싶어진다. 이는 불가능한 기대이며 그 결과는 응당 좌절과 분노, 무기력과 죄책감, 그리고 절망이다. 대신에 우리는 십자가의 빛으로 세상과 우리 자신을 새롭게 볼 수 있다. 하나님께서는 십자가에서 찢어지는 고통을 당하셨지만 언제나 화해라는 선물을 주시며 지금 여기에서 이미 일하고 계시기 때문이다. 우리는 삶에서 십자가를 받아들임으로써 거룩한 과업의 흐름 속으로 들어가고, 소망의 선물을 누리게 된다.

우리는 역설의 방식을 통해 큰 원을 그린 후 원래의 자리로 돌아온다. 우리는 모순을 살아냄으로써 소망에 다다를 것이고, 소망 가운데 인생의 모순을 살아갈 힘을 얻게 될 것이다. 눈에 보이지 않는 출입구 없이 돌고 도는 이 순환의 고리를 어떻게 깨트릴 수 있을까? 언젠가 머나먼 바다에서 하나님께서 우리를 부르신 곳으로부터 멀리 떠나 모순 속에서 길을 잃었을 때, 우리는 은혜의 파도에 삼켜져 요나와 함께, 머튼과 함께, 그리고 모든 성도와 함께 역설의 한복판에서 우리의 운명을 향해 여행하고 있다는 사실을 알게 될 것이다.

제2장

십자가의 길

가톨릭 신자에게는 "십자가의 길"(stations of the cross, 역주-빌라도 법정에서 골고다 언덕에 이르는 예수 수난의 길을 말함)을 따라 걷는 오랜 전통이 있다. 이 길에는 14개의 지점이 있는데, 각 지점에는 예수께서 십자가의 죽음을 향해 걸어가셨을 때 일어난 주요 사건을 표현한 그림이나 조각상이 주로 교회의 복도를 따라 목판이나 스테인드글라스에 새겨져 있다. 신자들은 믿음으로 그 길을 걷고 멈추어 서고 기도하면서 그리스도의 희생을 기억하고, 각 지점이 의미하는 소중한 통찰에 마음을 연다. 여기에는 예수께서 넘어져 쓰러지시는 지점, 구레네 시몬이 예수님을 대신하여 십자가를 지는 지점, 예수께서 어머니를 만나시는 지점, 그리고 마침내 십자가에 못 박히시는 지점이 있다. 보는 눈과 들을 귀를 가진 사람들은 이 길을 지나며 특별한 의미를 깨닫고 힘을 얻는다.

그러나 내가 보기에는 또 다른 십자가의 길이 있는데 그 길은 겉으로 보이는 여정의 발걸음이 아니다. 우리가 죽음을 지나 부활을 향한 삶을 살아갈 때 우리 내면에 일어나는 움직임의 순간이 걷는 길이다. 나는 이제 내적 경험에서 비롯된 다섯 순간을 이야기하려고 한다. 그 순간은 인식과 저항, 수용, 확증, 해방이다.

물론 이러한 내적 십자가의 길이 항상 순서대로 진행되는 것은 아니다. 우리가 다섯 지점을 모두 거쳤다고 해서 여정이 끝나는 것도 아니다. 그것은 계속해서 반복된다. 이 여정은 우리가 인정하든 그렇지 않든 간에 우리 삶 속에서 계속된다. 무엇을 어떻게 한다고 해서 그 여정을 대비하거나 쉽게 만들 수도 없다. 그러나 이와 같은 내적인 십자가의 길에 대해 말함으로써 우리는 우리가 걷고 있는 이 길을 더 잘 이해하고, 마땅히 배워야 할 것을 배우며, 그 여정을 마치는 날에 대한 소망과 믿음을 키울 수 있다.

인식 _____

첫 번째는 인식(recognition)의 순간이다. 십자가는 인간 경험의 본질은 일관성이나 혼란스러움이 아니라 모순임을 인식하라고 요청한다. 20세기를 지나면서 인간은 일관성의 논리, 그러니까 역사는 모든 문제를 해결하려는 방향으로 나아가고 있다는 환상과 아무런 근거도 없는 낙관주의의 거짓된 희망에 속고 말았다. 이러한 주장이 몇 번의 비극적인 사건을 맞이하며 신뢰를 잃자 우리는 여러 카오스 이론과, 모든 것은 통제 불가능하고 어떤 것도 고유한 의미가 없다며 세상만사를 무작위한 놀이로 축소하려는 '절망의 예언자들'의 공격을 받았다.

그러나 십자가는 순진한 희망과 무의미한 절망 너머에 우리 삶을 붙드는 역동적인 모순의 구조가 있음을 상징한다. 십자가는 이 세상이 하나님과 어떻게 모순되는지를 잘 보여준다. 우리는 빛과 진리와 선을 갈망하지만, 이것이 인간의 모습으로 오면 세상은 두려움에 사로잡혀 그 성육신을 죽이고 만다. 다른 한편으로, 십자가는 하나님이 세상과 어떻게 모순되는지를 보여준다. 세상이 아무리 "노"(No)라고 말해도 하나님은 어둠에서 빛을, 절망에서 희망을, 죽음에서 생명을 끌어내시는 영원한 "예스"(yes)로 현존하는 분이다.

십자가의 구조 자체가 이러한 모순을 상징한다. 십자가

는 좌우와 상하로 이루어져 있는데, 이는 사람들의 주장이 충돌하는 사이에서, 또한 인간과 하나님 사이의 주장이 충돌하는 사이에서 삶이 우리를 이리저리 끌어당기는 모습을 보여준다. 그러나 십자가의 축은 중심에서 만나는데 이는 하나님이 갈등을 해결하시고, 적대적인 관계를 통합하시며, 이 모든 모순을 반박하시기 위해 우리의 삶 가운데서 일하시는 모습을 상징한다. 십자가는 우리의 현실이 십자가의 형상과 같음을 인식하라고 말한다.

나는 미국의 인류학자 로렌 아이슬리(Loren Eiseley)의 이야기에서 삶의 모순을 인식하고 받아들이는 힘을 느꼈다.[1] 탁월한 자연 연구가이기도 한 그는 코스타벨이라는 해안 도시에 거주한 적이 있다. 불면증으로 늘 괴로워하던 그는 이른 아침이 되면 해변을 산책하면서 시간을 보냈다. 매일 아침 동틀 무렵 그는, 인근 주민이 밤사이 해변으로 밀려온 불가사리를 잡아서 내다 팔려고 모래사장을 뒤적거리는 모습을 보았다. 아이슬리에게 그 장면은 세상이 생명에 대해 "노"라고 말하는, 작지만 분명한 표시였다.

어느 날 아침, 아이슬리가 평소보다 일찍 산책하러 나갔을 때, 바닷가에 홀로 있는 사람을 보았다. 그 역시 불가사리를 찾고 있었지만 그는 살아 있는 불가사리를 주워서 파도가 부서지는 바다로 돌아갈 수 있도록 가능한 한 멀리 던지고 있었다. 아이슬리는 그가 날씨와 상관없이 매일 아침, 날이면 날마다 생명을 살리는 자비의 사명을 감당하고 있음을 알게 되었다.

아이슬리는 그를 "별을 던지는 사람"이라고 불렀다. 가슴 따뜻해지는 이 글에서 아이슬리는 별을 던지는 사람과 날이 밝기 전 그가 하는 일이, 아이슬리가 배웠던 진화와 적자생존과 어떻게 모순되는지에 대해 적고 있다. 여기 코스타벨의 바닷가에서는 강자가 약자를 짓밟지 않고 생명을 구하기 위해 몸을 아래로 숙이고 있었다. 아이슬리는 이 우주에서 별을 던지는 사람, 죽음에 대항하시며 본질적으로 "자비 안의 자비 안의 자비"(토머스 머튼의 말을 인용하여)이신 하나님이 계신가 하고 질문한다.

이 이야기는 내게 큰 의미로 다가왔다. 이 글은 내게 과거에도, 그리고 지금도 여전히 별을 던지고 계신 하나님의 모습을 보게 해주었다. 이 글은 평범한 사람들이 어떻게 하나님의 보이지 않는 자비로우심에 동참할 수 있는지를 보여준다. 또한 우리 각 사람이 내적인 십자가의 길에서 감당할 수 있는 소명이 무엇인지를 알게 해준다. 그것은 생명에 대해 "노"라고 말하는 세상의 방법과 반대되는 모든 순간, 행동들, 사람, 이야기를 인식하고, 알아가며, 풍요롭게 하는 소명이다.

바로 이것이 내가 내적 십자가의 길에서 첫 번째 지점이라고 말하는 '인식'의 의미다. 우리의 현실이 십자가 모양을 하고 있음을 인식하는 것은, 세상이 하나의 모습을 하고 있지 않고, 만물은 고정되어 있지 않으며, 하나님은 생명을 거스르는 흐름이 아무리 강하다고 해도 그에 맞서서 언제나 우리와 함께 우리 안에서 일하고 계시다는 것을 이해하는 것이다. 우리가 맞서야 할 현상의 수가 아무리 많다고 해도 그것은 문제가 되지 않는다. 이것들은 우리가 모든 것을 넘어서는 실재를 인식하고, 그 실재를 풍성하게 하는 방식으로 살아갈 때 변화된다. 세상은 미움으로 가득 차 있다. 그러나 우리가 사랑을 받게 되면 그 순간의 힘으로 살아갈 수 있고 그 사랑을 확장할 수 있다.

나는 그리스도인은 별을 던지는 사람이라고 생각한다. 신앙의 여부와 상관없이 역사라는 이름의 해변에 서서 거친 파도와 조수에 맞서는 모든 사람, 어리석은 사람처럼 비칠까 봐 두려워하지 않고 아무리 작은 미물이라도 그 생명을 긍정하기 위해 자신의 몸을 굽히는 모든 사람을 "별을 던지는 사람"이라고 말하고 싶다. 끊임없이 발전하는 전쟁에 맞서 평화에 몸을 던지는 일은 얼마나 보잘것없는가. 그러나 우리는 그렇게 어리석은 자리에 서 있음으로써 사회 진화의 흐름에 맞설 수 있다. 우리는 모순을 살아냄으로써 십자가의 능력과 소망에 동참하게 된다.

시인 라이너 마리아 릴케(Rainer Maria Rillke)의 고전 『젊은 시인에게 보내는 편지』에는 능력과 소망에 관한 이야기가 나온다. 그는 십자가에 대해서가 아니라 "질문을 살아내는 것"의 중요성에 대해 기록하고 있다. 그의 이야기처럼 질문을 모순으로 바꾸면 십자가 형상을 닮은 삶의 방식에 담긴 역동성을 이해할 수 있다.

> 그대 마음속 풀리지 않은 모든 것을 인내하라. … 모순 그 자체를 사랑하도록 힘쓰라. … 이 모든 것을 살아내는 일이 중요하기에, 그대가 그렇게 살 수 없기에 찾을 수 없는 해결책을 찾으려고 애쓰지 말라. 바로 지금의 모순을 살아내라. 그렇게 하면 그대는 서서히 해결책에 다다르게 되리라.[2]

저항 _____

십자가의 길, 그 두 번째 지점은 저항(resistance)이다. 별을 던지는 사람으로 사는 것과 파고에 맞서며 사는 일은 쉽지 않다. 인간의 본성에는 모순된 삶을 살아내는 것에 저항하고자 하는 성향과 양극단 사이에서 생기는 긴장을 피하려는 경향이 있다. 그러나 삶의 현실은 십자가 형상을 하고 있기에 이를 피하려는 노력은 헛될 뿐이다. 예를 들어, 아무리 전쟁을 혐오하는 사람도 제도적 힘을 거부하지 못하고 '전쟁세'(war tax)를 낼 수밖에 없다. 우리는 모순을 애써 피하면서 또 다른 긴장에 사로잡히기도 하고, 또 다른 십자가에 찔리기도 하며, 확신과 그 확신대로 살지 못하는 무력감 사이에서 절망하며 살아간다.

나는 우리가 이와 같은 십자가들에 저항하는 일, 종국에는 하나님의 뜻에 저항하는 것은 도덕적인 실패가 아니라 십자가 형상을 한 현실이 가진 또 다른 삶의 측면이라고 믿게 되었다. 이를 인식하면 저항은 우리 삶에 힘을 불어넣을 수 있다. 삶의 긴장들을 거부하거나 외면하지 않고 의식적으로 그 안에서 살아갈 때, 우리는 성령의 능력을 힘입게 된다.

이 능력은 성경에, 특히 히브리 성경(구약)에 잘 묘사되어 있다. 구약은 사람들이 하나님께 저항하고, 하나님과 논쟁하며, 하나님을 속이고자 하고, 그분의 말씀에 반항하는 이야기로 가득하다. 내가 이 모든 이야기를 좋아하는 이유는 하나님을 인간의 다툼에 기꺼이 개입하실 수 있는 분으로, 영적 삶을 인간적인 모습으로 나타내고 있기 때문이다. 우리는 하나님을 육체의 몸으로 살아가는 현실 속으로 들어오실 수 없는 추상적인 원리로 생각할 때가 너무나 많다. 가만히 보면, 이건 그저 이단의 생각일 뿐이다! 우리는 히브리의 거룩함을 그리스의 철학적 추상으로 바꿈으로써 삶에 필요한 힘의 거대한 근원, 즉 야곱이 천사와 씨름했던 것처럼 우리도 하나님과 씨름할 수 있는 역동적인 관계를 우리 스스로 단절해버렸다.

나는 이 땅에 평화를 세우는 일에 나를 헌신하는 것이 하나님의 뜻이라고 믿는다. 하지만 나는 그 뜻에 반하는 삶을 사느라 얼마나 애쓰는가! 내 삶의 여러 필요, 즉 가정의 필요, 직장의 필요, 한정된 시간과 에너지 등의 필요에 부응하고자 할 때 생기는 문제도 중요하다고 주장하며 하나님과 흥정하려고 들 때가 얼마나 많은지 모른다.

그러나 내가 이런 저항 속에서 살아갈 때, 나 스스로 그리고 다른 이들에게 그것을 인정하고 고백할 때, 내 삶의 문이 서서히 열리게 된다. 전쟁세 반대에 따르는 두려움은 내 속에 긴장을 불러일으켰지만, 그 긴장 속에서 평화를 외칠 수 있는 또 다른 길이 열렸다. 나는 내 가족을 돌보고 조화롭게 살아갈 길을 찾는다. 나는 직장에서 사랑의 공동체를 세우기 위해 내가 받은 은사를 사용할 방법을 찾는다. 내가 할 수 없는 일에 대해 하나님과 논쟁할 때, 나의 저항 그 자체는 내가 빛을 증거하기 위해 할 수 있는 것을 찾도록 해준다.

십자가에 대한 저항을 신뢰하는 중요한 이유가 하나 더 있다. 어떤 십자가는 하나님에게서 온 것이 아니다. 그것은 거짓 십자가이다. 그 십자가는 부주의한 세상이 우리에게 짊어지운 것이다. 우리의 건강하지 못한 면이 그 십자가를 받아들였다. 기독교 역사에는 십자가의 길을 가장한 자기 학대의 모습이 많이 보인다. 교회에는 맞서 싸워야 할 불의에 너무도 쉽게 굴복하는 사람들로 가득하다. 따라서 우리는 올바른 십자가와 그릇된 십자가, 교차 지점으로 이끄는 십자가와 황폐함으로 이끄는 십자가를 분별해야 한다.

나는 이 두 십자가를 구별하는 추상적인 원칙에는 관심

없다. 우리 몸으로 살아내는 일에만 관심 있다. 우리는 삶에서 만나는 어떤 십자가든 저항해야 한다. 기꺼이 반대편에 서보자. 모순을 살아내자. 그렇게 해야 거짓된 십자가가 사라진다. 그러나 우리가 마땅히 받아들여야 하는 십자가, 환상이 아니라 현실에서 비롯된 십자가는 우리 삶 속에 그대로 있을 것이다. 그러니 마음이 열릴 때까지 상하좌우로 우리를 잡아당기면서 하나님과 하나되는 진정한 중심을 향해 나아가자.

수용 _____

인식과 저항에 이어 내적인 십자가의 길 세 번째 지점은 수용(acceptance)이다. 우리 중에 영적 훈련의 하나인 온전한 순종으로 우리에게 주어진 십자가를 받아들일 만큼 성숙한 사람은 거의 없다. 그러므로 십자가에 저항하는 이유는, 저항하는 동안 우리가 매우 약해지고, 무너지며, 힘이 고갈되어 결국 받아들이는 일밖에 남지 않기 때문이다!

저항의 다음 단계가 수용이라는 생각은 엘리자베스 퀴블

러-로스(Elizabeth Kübler-Ross)의 죽음의 단계에 대한 연구에서 이미 밝혀졌다.[3] 그 연구에 따르면, 죽음이 임박한 사람은 먼저 자기의 죽음을 부인하고, 그다음에는 분노하며, 이어서 타협과 낙심을 거쳐 마지막에는 수용에 이르게 된다. 물론 부인과 분노, 타협, 낙심은 모두 저항의 여러 형태이기도 하다. 불치병에 걸렸을 때만 그런 것이 아니라 사실상 인생의 모든 타협 과정에서 이러한 형태의 저항을 볼 수 있다. 수용은 자신이 할 수 있는 모든 저항을 다 한 후에야 찾아온다.

퀴블러-로스의 연구에서 내가 큰 인상을 받았던 이유는, 십자가의 길이 항상 죽음을 향해 가는 길이기 때문이다. 십자가에서 우리의 거짓된 의존성이 드러난다. 십자가에서는 우리의 모든 환상이 사라진다. 십자가에서 우리의 보잘것없는 자아는 죽고 진정한 자아, 즉 하나님이 주신 자아가 드러난다. 십자가에서 우리는 우리가 모든 것을 통제할 수 있다는 환상을 버리게 되는데, 이러한 환상의 죽음이 수용의 핵심이다.

무엇보다도 십자가는 무력함의 장소다. 십자가는 자석으로 달을 끌어당길 수 없듯이 우리의 미미한 능력으로는 결코 삶의 궤도를 바꿀 수 없다는 결정적 증거다. 십자가에는 자기가 삶을 주관하고 있다고 주장하는 자아와, 끊임없이 자신의 질서와 의로움에 관한 생각을 세상에 부여하려는 자아의 죽음이 있다.

그러나 다시 말하건대, 십자가는 모순의 장소다. 만일 우리가 십자가의 무력함을 온전하게 수용한다면, 십자가는 우리를 능력의 자리로 이끈다. 이는 예수님부터 마틴 루터 킹 주니어에 이르기까지 기독교 신앙의 핵심에 들어 있는 위대한 신비, 즉 무력함이 곧 능력이라는 신비다. 이것이 신비가 아니고 무엇이겠는가. 내가 가진 미약한 힘을 모으는 데만 사로잡혀 있는 한, 하나님의 능력이 나를 통해 흘러가는 일은 없다. 내 방식만 옳다고 고수하는 한, 하나님의 방법에 힘입어 살아갈 수 없다.

바울은 예수님과 우리 자신의 십자가상의 죽음을 수용하는 순간에 대해 이렇게 말한다. "너희 안에 이 마음을 품으라 곧 그리스도 예수의 마음이니 그는 근본 하나님의 본체시나 하나님과 동등됨을 취할 것으로 여기지 아니하시고 오히려 자기를 비워 종의 형체를 가지사 사람들과 같이 되셨고 사람의 모양으로 나타나사 자기를 낮추시고 죽기까지 복종하셨으니 곧 십자가에 죽으심이라"(빌 2:5-8).

'비움'(emptiness)은 수용의 경험을 묘사하는 핵심 단어이다. 엘리자베스 퀴블러-로스의 연구에서 우리는 그것을 다시 한 번 확인할 수 있다. 그녀는 "죽음을 앞둔 사람이 겪는 수용의 단계를 행복한 단계로 오해해서는 안 된다. 그것은 거의 감정이 사라진 상태다"라고 말했다. 결국 앞에 놓인 어려운 현실을 받아들이고 우리 안에 비어 있는 구멍이 생길 때, 많은 경우 우리는 이와 같은 상황에 처한 적이 있을 것이다. 그것은 어떤 원초적인 자리나 침전하는 공간이 아니라, 그저 단순한 비움이다. 그리고 이러한 비움을 통해 더 큰 능력이 우리 삶 속에, 수용으로 인해 생긴 공간에 흐를 수 있다.

나는 수업 준비를 열심히 했는데도 아무것도 제대로 된 게 없을 때 이런 경험을 한다. 그럴 때면 결국 수업에 대한 모든 기대를 버리고 나 자신의 무력함을 인정하며 공허함과 두려움을 안고 교실로 들어간다. 그러나 어찌 된 일인지 이런 상황에서 나와 내가 가르치는 학생들 사이에 진리를 흐르게 하는 통로가 활짝 열릴 때가 있다. 성령의 능력에 순종하지 않고 나만의 계획으로 가득 차 있을 때가 아니라, 공허함과 두려움을 느끼는 바로 그때를 학생들이 좋았다고 말하는 경우가 있다.

예수님은, 하나님이 들어오실 수 있도록 십자가 위에서 자신을 비우셨다. 우리가 십자가를 받아들일 때, 우리 안에도 무(無)에서 창조를 시작하신 그분에 의해 채워질 공간이 생겨난다. 우리는 무력한 가운데 성령의 능력을 받는다.

확증 _____

내적인 십자가의 길, 그 네 번째 지점은 확증(affirmation)이다. 수용을 넘어 확신과 소망, 기쁨에 차서 십자가가 나의 것이라고 말하게 될 때, 십자가는 우리 삶에서 가장 큰 힘을 발휘한다. 십자가는 생명으로 나에게 주어져 더 큰 삶의 길로, 하나님과 함께 형제자매와 더불어 공동체로 나아가는 길이다.

십자가의 길은 외로운 것처럼 보인다. 그러나 여기에서 우리는 외롭기 때문에 서로를 필요로 한다는 또 다른 모순을 발견할 수 있다. 우리가 찾는 공동체는 우리가 원하거나 추구한다고 해서 우리에게 찾아오지 않는다. 우리가 기꺼이 서로의 짐을 지고 서로의 십자가를 들어주려고 할 때 공동체가 다가오며, 이 과정에서 서로의 짐을 나누어 지기 때문에 우리가 "멍에가 쉽고 짐이 가벼운" 자리에 모인 사람들의 일부임을 깨닫게 된다.

십자가를 기쁜 마음으로 인정하고 고백하는 일은 절대 쉽지 않다. 그러나 공동체에서 누리는 기쁨, 서로 하나가 되었다는 기쁨보다 더 큰 기쁨은 없다. 그 기쁨은 우리가 모든 관계의 중심에 있는 교차 지점을 기꺼이 감당하고자 할 때 찾아온다. 공동체는 서로의 모순을 공유하고, 심지어 창조까지 하는 것을 뜻한다. 공동체는 서로에게 고통을 가져다주는 것을 의미한다. 아무리 아름다운 관계라 하더라도 언젠가는 이별의 아픔을 겪기 때문이다. 그러므로 공동체의 기쁨, 서로 연결되어 있음의 기쁨을 바란다면, 십자가의 경험을 수용하는 것을 넘어 인정해야 한다.

우리는 자기만족만을 추구하느라 우리의 연약함이 오히려 진정한 관계를 위해 필요하다는 사실을 받아들이지 못하는 사람들을 양산하는 지극히 자기중심적인 시대를 살고 있다. 미국의 개인주의 문화는 아주 오래전부터 상호 이익이 되는 관계만 중시하고 공동체를 소홀히 했다. 십자가의 길은 이익만 추구하는 관계가 옳다는 환상을 여지없이 깨트리고, 서로의 고통을 공유할 때에야 비로소 진정한 기쁨이 찾아온다는 것을 우리에게 알려준다.

공동체 의식을 깊이 느끼게 하는 사람은 자신의 모순과 깨어짐을 나와 공유하는 사람, 그래서 나의 모순과 깨어짐도 공유하게 되는 사람이다. 우리가 우리 자신을 별 흠이 없는 사람이라고 여기면, 우리는 다른 사람이 우리 삶에 들어오는 것을 막고 우리 또한 공동체에 참여하지 않는다. 반면 십자가가 우리 삶의 모양임을 인정하면, 우리는 우리 안에, 그리고 우리 사이에 공동체가 이루어질 수 있는 공간을 만들 수 있다. 그 공간에서, 그리고 십자가의 중심에 있는 고독 속에서 우리를 온전하게 창조하신 그분이 다시 우리를 온전하게 하시고 기쁨으로 충만하게 하신다!

참된 십자가를 인정하고 그것을 우리 삶에 받아들이고자 한다면, 십자가는 가장 깊은 곳에서 비극의 상징일 뿐 아니라 희극의 상징이기도 하다는 사실을 알아야 한다. 모순은 위대한 희극을 만드는 재료이기 때문에, 비극과 희극은 십자가에서 계속 교차한다. 논리적인 상황이 이어지다가 느닷없이 비논리적이고 예상치 못했던 사건이나 대사가 당신을 깜짝 놀라게 할 때, 희극이 만들어진다. 희극적인 상황은 사람들에게 '혼선이 일어날 때' 생긴다. 모순을 보고도 웃음 지을 때, 비극과 희극이 항상 공존한다는 것을 이해할 때, 그때 우리는 우리 삶이 엇갈릴 뿐만 아니라 이중으로 엇갈려왔다는 사실을 받아들이게 될 것이다.

바울은 십자가 '스캔들'(scandal)에 대해 이야기한다. 우리는 스캔들이라는 단어에서 십자가의 희극적인 측면을 보게 된다. 스캔들은 지배적인 체계와 관습적인 질서에 모순되는 일이 일어날 때 우리를 피식 웃게 만든다. 임금님이 옷을 입지 않고 있다! 절대 강자가 나락으로 떨어졌다! 가만 보면 십자가가 바로 이런 모습을 하고 있다. 십자가를 스캔들이라고 하는 이유는 죽음으로 끝났어야 했을 십자가 사건이 부활로 이어졌기 때문이다. 그토록 교만하고 자신만만했던 사망 권세를 십자가에서 물리쳤다는 사실은 사람들을 크게 웃게 한다. 십자가는 최고의 스캔들이다! 비교불가한 희극이다!

해방 _____

마지막으로, 인식과 저항, 수용, 확증을 거쳐 내적인 십자가의 길 다섯 번째 지점은 해방(liberation)이다. 자유 그 자체가 목적이기 때문이 아니라, 우리가 자유로울 때라야 비로소 하나님이 우리를 사용하실 수 있다는 점에서, 해방은 십자가의 열매 중 최고의 열매이다. 해방은 환상에 사로잡힌 상태에서 자유로워지고, 두려움의 구속에서 자유로워지며, 궁극적으로 모순에서 오는 모든 혼란에서 자유로워지는 것이다. 우리는 십자가 위에서 해방되어 진리와 사랑, 그리고 우리의 삶 속에서 성령의 일하심에 반응하며 살아간다. 우리는 십자가의 중심을 통과함으로써 모순을 넘어 성령 안에서 사는 온전한 삶으로 나아간다.

해방의 옛 단어는 '구원'(salvation)이다. 그러나 이 단어는 일부 편협한 기독교 때문에 오해를 받아 오늘날 널리 사용하기가 어려워졌다. 그러나 우리는 '온전함'이라는 말에 뿌리를 두고 있는 이 단어를 되찾아야 한다. 구원받는 것은 온전해지는 것이요, 삶의 모든 모순 너머에 있는 연합으로 들어가는 일이다.

해방은 우리가 삶에서 십자가를 경험할 때만 찾아온다. 하나님의 "예스"를 얻기 위해서는 세상의 "노"를 감내해야 한다. 삶의 모순이 우리를 성령께로 이끌 때라야 우리를 혼란스럽고 난처하게 하는 이중성, 즉 예와 아니오, 낮과 밤, 옳음과 그름이라는 이중성을 넘어 살아갈 수 있다. 십자가의 길을 따라 살아가는 삶은 성령 안에서 사는 해방의 삶이며, 모순을 뛰어넘는 구원과 온전함의 삶이다. 십자가의 해방은 탐욕에 빠져 안일하게 살지 않고, 모순을 두려워하지 않으며, 진리를 따르는 삶을 살도록 훈련한다.

구원받는다는 것과 온전해진다는 것은, 우리가 모순의 한가운데에 있고 모순이 우리 안에 있으며, 이 모든 것이 '감추어진 온전함'에 의해 하나로 묶여 있음을 깨닫는 것이다. 이는 자유와 사랑 안에서 누구에게라도 어디서든 가능한 일이다. 온전해진다는 것은 밝음과 어두움, 선과 악, 익숙한 것과 낯선 것, 삶의 모든 것과 연결되어 있음을 아는 일이다. 우리가 천국으로 올라가든 지옥으로 떨어지든 간에 하나님이 우리와 함께하심을 알고 자유롭게 이 땅에서의 삶을 살아가는 것이다. 십자가의 해방은 하나님이 극복하실 수 없는 모순이 하나도 없음을 아는 것이다.

그리스도인으로서 우리는 십자가가 편협하고 제한된 기독교 신앙에서 우리를 해방한다는 사실을 이해하는 것이 매우 중요하다. 궁극적으로 십자가는 신앙의 어떤 전통에 관한 것이 아니라, 하나님의 능력에 관한 것이다. 그런 의미에서 가톨릭 신자이자 트라피스트 수도회의 수사인 토머스 머튼의 이야기는 참으로 놀랍다.

십자가는 율법과 제국, 군대의 중대성을 무너트리는 모순의 표지다. … 그러나 요술을 부리는 자들은 자기 목적을 이루기 위해 계속해서 십자가를 이용한다. 그렇다. 십자가는 그들에게도 모순의 표지다. 그러나 십자가를 자비로움과 모순되게 만드는 종교적 마술사들은 엄중한 신성모독을 범하는 자들이다! 물론 이는 기독교의 궁극적인 유혹이기도 하다! 그리스도께서 모든 문을 잠그셨으며, 하나의 답을 주시고, 모든 것을 해결하고 떠다셨다고 말하는 것은 모든 삶을 끔찍한 일관성의 시스템 안에 가두어 외부에는 엄숙함과 저주만이 있고 내부에는 구원받는 자들의 참을 수 없는 경박함만 남게 하는 것과 같다. 거기에는 하나님의 은혜로 누리게 되는, 진정 중요하고 진지하게 여

길 가치가 있는 신성한 자유의 신비가 어디에도 남아 있지 않다.[4]

해방은 우리를 두렵게 하고, 급진적인 자유는 우리에게 겁을 준다. 에리히 프롬(Erich Fromm)이 "자유로부터의 도피"를 전체주의 시대의 특징으로 설명한 이유도 바로 이 때문이다. 이에 대해 머튼은 너무나도 많은 그리스도인의 마음에 부과된 자유로의 도피를 지적한다. 여기에는 구원의 경계를 좁히고, 교회 안팎 어디서든 자유롭게 일하시는 하나님의 은혜에 담긴 급진적인 자유를 부인하는 신념과 관습 체계를 만들어내는 성향이 있다.

십자가는 이를 사로잡으려는 그 어떤 신념 체계와도 모순된다. 우리가 그분의 십자가를 나누어 지면, 우리 삶에 그리스도의 일하심이 드러나고 우리는 자유에 대한 두려움에서 해방되어 두려움에서 자유로워진다. 오직 그렇게 될 때라야 우리는 서로에게, 우리의 삶에, 그리고 마침내 하나님께 온전히 필요한 사람이 된다.

제3장

공동체의 역설

이 장은 1975년에 파머 부부가 필라델피아 인근의 퀘이커 성인 교육 센터이자 함께 살아가며 배우는 공동체인 펜들 힐에 들어온 첫해에 쓴 글이다. 그들이 1년 동안 공동체에서 실험적인 삶을 살아보기로 계획한 것이 11년으로 늘어났다. 이 기간에 파커 파머는 공동체의 연구소장과 교사, 작가로 일했고, 아내인 샐리 파머는 도예와 뜨개질, 영성 생활의 교사로 일했다.

공동체는 우리의 오랜 관심사였다. '공동체성'은 어떻게 만들어지는 걸까? 이미 운영되고 있는 공동체에 들어가야 할까? 그렇다면 어떤 공동체에 들어갈까? 친구들과 함께 공동체를 시작하는 것이 가능할까? 이런 이야기를 하면 할수록 우리와 새로운 삶의 방식 사이에는 더 큰 장애물이 생겨났다. 새로운 가족이 생겼고, 우리는 점점 더 나이 들어갔으며, 삶의 필요가 늘어남에 따라 선택의 여지는 좁아졌다.

그러나 공동체에 대한 고민이 점점 깊어지자 우리는 아예 이야기를 멈추든지, 아니면 공동체를 세워야겠다는 생각에 이르렀다. 그때가 1974년 2월 즈음이다. 우리는 꿈을 꿀수록 힘이 나는 것이 아니라 좌절을 겪었다. 우리 자신을 정직하게 들여다보니 삶을 살아가기보다 보호하려고 하고 있었다.

왜 공동체인가 _____

직장과 가정에서 고립되고 분열되고 있음을 느끼자 우리는 공동체가 필요하다는 생각이 간절해졌다. 샐리는 도심에서 멀리 떨어진 곳에서 세 아이를 기르며 다섯 식구가 뒤얽혀 살아가는 힘든 생활 속에서 다른 사람들과 의미 있는 관계를 맺지 못한다는 고민이 있었다. 파커는 학문적인 삶에 있어서의 공동체의 부재와, 더 심각하게는 미국의 시민사회가 안고 있는 문제로 고민하고 있었다. 우리는 각자, 그리고 함께 흩어져 있는 삶의 파편들을 단순화하고 통합해주는 공동체가 필요하다고 느꼈다.

우리는 무엇이든 해야 했다! 음산한 2월의 끝자락에 우리 다섯 식구는 기차에 몸을 싣고 조지아 주 아메리커스에 위치한 코이노니아 파트너스(Koinonia Partners)로 향했다. 그곳은 우리가 여러 해 전부터 글을 통해 알게 된 공동체였고, 훗날 해비타트 운동(Habitat for Humanity)의 발상지가 된 곳이다.[1] 그곳에서 보낸 시간은 불과 일주일에 지나지 않았지만, 이 기간은 우리의 영적 여정에 있어 카이로스[Kairos, 역주-물리적이고 절대적인 시간을 뜻하는 크로노스(Chronos)의 시간과 달리, 특별한 의미가 담긴 상대적인 시간을 뜻함]의 시간이었다. 여기에서 압제의 희생자들과 신실한 관계를 맺으며 공동체로 살아가는 좋은 사람들을 보는 것만으로도 우리는 새로운 소망과 삶의 방향을 찾을 수 있었다. 어떤 이는 우리 또한 진리인 줄은 알았지만 우리 자신에게 말할 용기가 없었던 말을 들려주기도 했다. "새로운 삶을 생각해야 그런 삶을 살게 되는 것이 아니라, 새로운 삶을 살아야 새로운 생각을 할 수 있습니다."

우리는 이듬해 '공동체로' 살아야겠다고 결단하고 워싱턴으로 돌아왔다. 파커는 대학을 휴직하기로 결정하면서 커다란 두려움과 함께 첫발을 내디뎠다. 월급 없이 1년을 살 생각을 하니 마음이 편치 않았지만, 편한 삶을 추구하면 공동체 생활이 불가능하다는 것을 깨달았다.

그러고 나서 우리는 가야 할 곳을 찾기 시작했다. 코이노니아 파트너스도 하나의 선택지로 생각하고, 볼티모어 근처에 있는 다른 코이노니아도 염두에 두었다. 우리는 브루더호프(Bruderhof)에 대해서도 알아보고 실제로 연락을 주고받기도 했다.[2] 린디스판(Lindisfarne)과 펜들 힐에도 방문하고, 다른 몇 개의 공동체에도 연락을 취했다.[3] 이곳들은 모두 전혀 다른 공동체들이었지만 대부분은 영적 통찰력에 힘입어 함께 살아가며 세상과 접촉하기 위해 애쓴다는 공통점이 있었다.

우리의 선택은 필라델피아 인근에 있는, 삶으로 배우는 (living-learning) 공동체인 펜들 힐이었다. 우리는 1974년 가을에 이 공동체에 들어가서 60여 명의 사람들과 함께 예배하고, 공부하고, 노동하고, 식사하며 여가를 보내는 등 일상을 함께했다. 거기에는 한 살 아기부터 71세 노인까지 있었다. 절반은 퀘이커 교도였고, 나머지는 제각각 다른 종교를 가진 사람들이었다. 펜들 힐은 '순수한' 공동체는 아니었다. 그곳은 교직원과 운영위원회를 갖춘, 그 역사가 1930년까지 거슬러 올라가는 교육기관이었다. 우리는 펜들 힐에서 공동체의 다양한 유형 중 하나를 경험했고, 그 경험은 우리에게 깊은 인상을 주었다.

공동체와 모순 _____

새로운 삶을 살게 되면 새로운 생각을 할 수 있다는 말이 사실이라면, 경험을 바탕으로 사물에 대한 우리의 생각도 바뀔 것이다. 공동체에서의 삶은 공동체에 대한 우리의 개념을 바꾸어 놓았다. 우리는 특정한 삶의 모습을 원하는 마음으로 특정한 기대를 품고 이 공동체에 왔다. 여기에서 우리는 우리가 찾던 많은 것을 발견했으나, 우리가 추구하거나 원하지 않았던 것도 보았다. 가끔은 우리가 원했던 것뿐만 아니라 정반대되는 일도 경험했다!

우리는 교외에서 살 때보다 더 풍성한 교제를 나누기 위해 이곳에 왔고, 마침내 이곳에서 그 소망을 이루었다. 하지만 반대로 홀로 있고자 하는 새로운 필요도 느끼게 되었다.

우리는 우리 자신과 아이들을 위해 확장된 가족을 찾아 이 곳에 왔지만, 동시에 우리 가족의 경계를 더욱 분명히 하고 싶은 욕구도 발견했다. 우리는 세상의 어떤 세력을 피해서 이곳에 왔다. 그리고 그 뜻을 이루었지만 동시에 이전보다 더 깊숙이 세상에 관여하게 되었다.

처음에는 이러한 양극단의 삶이 혼란스러웠고 우리를 의기소침하게 했다. 공동체에서 사는데 왜 그렇게 자주 모순 사이에서 이리저리 끌려 다니거나 딜레마에 빠지는지 알 수 없었다. 그러나 우리는 공동체에서 살아갈수록 그런 것들이 단순한 모순이나 딜레마가 아니라는 사실을 깊이 깨달았다. 역설적이게도 양극단 모두 진실이었다. 그 양극단에서 어느 하나만을 취하면 우리의 진정한 바람은 채워지지 않는다. 창조적인 긴장 속에서 양극단을 붙들고 있을 때, 우리의 욕구가 제대로 충족된다.

다른 사람들과 '함께하는 삶'이 더욱 풍성해지기를 바라는 우리의 바람을 예로 들어보자. 도심 외곽 지역에서 우리는 우리의 사생활을 보호하려고 했다. 사실상 사생활이란 부자들이 자신의 재물로 사는 상품과도 같다. 삶을 편리하게 하는 장치들로 가득한 고가의 단독주택, 집안일을 돕기 위해 고용된 사람들, 값비싼 자동차, 치밀하게 세워놓은 휴가 계획까지, 그 모든 것이 우리를 서로에게서 떼어놓음으로써 우리가 의존적인 존재라는 근본적인 진리를 부인하게 한다.

그러나 홀로 사는 것은 인류에게 자연스럽지 못한 일이다. 그런 점에서 이렇게 특권처럼 누리는 사생활 바로 밑에는 고독이라는 함정이 숨어 있다. 우리는 평소 다른 사람들에게 가까이 다가가고자 한다. 우리는 파티를 즐기는 밤에는 물론 일하고, 놀고, 공부하고, 예배하는 다양한 순간에서 함께하는 삶을 원했다. 우리는 우리가 다른 사람에게, 다른 사람들이 우리에게 기대어 사는 상호의존적인 관계를 더욱 의식하고 싶었다.

우리는 펜들 힐에서 그런 관계를 발견했고, 그런 관계들이 여러 측면에서 우리 삶의 지경을 넓고 깊게 해준 것에 대해 기뻐하고 감사한다. 그러나 바로 여기에서 역설이 시작된다. 공동체 안에서 오히려 고독이 깊어질 수 있다는 점을 발견한 것이다. 우리는 누구나 외로워 보이는 것이 당연한 교외에 있을 때보다, 우리가 맺지 못하는 우정의 관계가 흔하게 널려 있는 공동체 안에서 훨씬 더 외로움을 견디기 힘들었다. 펜들 힐에 있는 사람들이 서로에게 공동체가 되어주었지만 군중 속의 고독은 이전보다 우리를 더 아프게 했다.

바로 여기에서 역설이 더욱 깊어진다. 우리는 우리 자신의 외로움에 직면함으로써 고독의 풍성함을 이해하기 시작했다. '고독'(solitude)은 '외로움'(loneliness)과는 다르다. 외로움은 우리가 인간적으로 혼자라는 사실을 거부하고 다른 사람들을 갈망하게 한다. 또한 외로움은 이따금 우리 자신을 마주하기를 거부하고, 우리 내면의 공허함을 채우려고 다른 사람의 얼굴과 목소리를 찾고자 하는 욕구에 뿌리를 둔다. 그러나 우리는 고독 속에서 공허함을 마주하고, 허공이나 공백이 아닌 빛과 감미로운 침묵, 하나님으로 가득한 내면의 공간을 발견한다.

고독은 우리 자신을 더 깊이 소유하게 한다. 그리고 우리는 바로 그 지점에서 다른 사람들과 진정한 공동체를 이루어가는 데로 나아갈 수 있다. 이 공동체는 자기 자신을 알고, 서로에게 자신을 내어줄 수 있는 사람들로 이루어진 공동체다. 간혹 공동체로 불리기는 하지만 실상은 정신적 기생충 같은 사람들이 모여 있는 집단과는 다르다. 바로 여기에 우리가 경험한 공동체의 역설, 즉 고독을 원하는 욕구와 서로를 향한 욕구가 공존하고, 하나의 욕구가 다른 욕구를 창조하고 깊게 한다는 역설이 있다.

또 다른 역설은 가족으로서의 삶과 관련되어 있다. 우리는 우리 가족의 경계가 넓어지고 확장되기를 소망하며 펜들 힐에 왔다. 우리는 우리 아이들이 부모와 선생님 말고도 더 많은 어른을 알기 바랐다. 부모로서 우리는 일반적인 핵가족이 지고 있는 무거운 짐을 다른 사람들과 함께 나누고자 하는 마음도 있었다.

우리가 바라는 모든 일은 펜들 힐에서 기대 이상으로 일어났다. 우리는 열 살 된 아들이 부엌에서 한 청년을 도와 빵을 굽거나 채소를 다듬는 모습을 종종 볼 수 있었다. 일곱 살짜리 '전학생' 둘째 아들은 적응하는 데 어려움을 겪었지만 우리는 그 아이를 제대로 위로하지 못했다. 대신 일흔 살 된 할머니가 학교에서 돌아온 아들에게 매일 우유와 쿠키를 챙겨주고 오토하프를 가르쳐주었다. 어제 1학년짜리 우리 딸은 시각장애가 있는 여성을 공동체 마을에서 학교로 데려다주고, 그녀의 '다름'(otherness)을 전혀 신경 쓰지 않으며 오전 내내 그녀를 도와주었다.

우리 가족의 문제가 특별하지 않다는 사실을 가까이에서

보고, 다른 부모와 해결책은 물론 실패담까지 공유하는 일은 매우 중요했다. 또한, 우리가 매일 함께하는 다른 사람들의 시선으로 서로를 바라봄으로써 가족 내의 관계는 더욱 깊어지고 새로워졌다. 우리는 우리 가족의 좋지 않은 습관이 공동체 안에서 좀 더 쉽게 바뀐다는 점도 알았다. 아침에 가족 간에 작은 다툼이 벌어져도 그것이 온종일 지속되는 일이 줄었다. 날 선 분위기를 뒤로하고 다른 사람들과 함께 아침 식사를 하며 대화를 나누고, 그렇게 하다 보면 티격태격하던 일도 금세 잊어버렸다.

바로 여기에 역설이 있다. 우리는 확대된 가족을 기대하는 동시에 핵가족만의 새로운 경계를 그리고자 하는 욕구, 즉 우리 자신을 전체 집단 내의 한 집단으로 좀 더 명확하게 규정하고자 하는 필요를 발견했다. 공동체에서 오는 교제의 풍성함은 우리의 에너지와 집중력을 흩트리는 주의 산만한 경험이 될 수 있다. 우리는 우리가 모든 사람에게 속해 있기 때문에 어느 누구에게도 속해 있지 않다고 느끼지 않도록 우리 가족의 테두리를 좀 더 의식하는 것이 중요하다는 것을 알게 되었다. 그러기 위해서 우리 가족만의 시간과 공간을 따로 떼어둘 필요가 있었다.

가족의 경계를 다시 세우는 일은 상실에 대한 두려움 때문에 생긴 것일 수도 있지만, 그로 인해 공동체의 삶을 진정으로 받아들이게 되었다. 우리는 펜들 힐 공동체에서 가족의 의미를 좀 더 깊이 깨닫게 되었다. 가족의 정체성을 흐리게 하는 공동체에서 우리는 핵가족일 때보다 더 가정생활의 가치에 대해 돌아보게 되었다. 가정 안에 작은 가정이 있음을 알게 되었기에 우리는 더 큰 집단의 삶에 온전하게 참여하는 데에 자유로워졌다. 이로써 우리는 또 다른 역설에 이른다. 그것은 가족을 확대하고자 하는 필요와 안으로 끌어당기고자 하는 필요가 공존하며, 각각의 필요는 또 다른 필요를 창조하고 심화시킨다는 것이다.

공동체와 세상 _____

세 번째 역설은 우리가 '세상'에 있는 어떤 세력을 피하고자 공동체에 왔다는 사실에서 시작한다. 우리는 어느 정도 성공을 거둔 사람들이었다. 공동체의 속도는 지극히 정상적이었고, 우리가 대하는 일의 규모는 좀 더 인간적이며, 타인과의 관계는 덜 불안하고 덜 경쟁적이었다. 그리고 우리 삶의 조각들은 이전보다 더 통합되었다.

그러나 공동체 안에서도 '세상'은 우리와 긴밀하게 연결되어 있었다. 우리는 세상의 어떤 일에서는 벗어났지만, 익숙하지 않은 일에 우리 자신과 다른 사람들을 참여시켜야 했다. 이는 다른 이가 우리의 권리를, 반대로 우리가 다른 이의 권리를 침해하기 때문인데, 공동체 안에서는 그런 침해를 무시하고 지나갈 수 없다. 때로는 공동체가 문제 상황을 표면 위로 끌어내 반드시 짚고 넘어가게 하는 정신적 압력솥이 될 수 있기 때문이다. 이와 같은 역학 관계가 우리가 말하는 '세상'의 일부라고 한다면, 우리는 공동체에서 그것을 피하지 못했다. 오히려 그런 일에 더 깊이 관여해야 했다.

그러나 세상은 개인과 그들의 정신, 그리고 그들의 관계 이상의 것이다. 그것은 권력의 구조, 거시적인 현상, 역사적 사건들이기도 하다. 아프리카 대륙에서 기아로 죽어가는 사람들과 동남아시아에서 전쟁으로 죽어가는 사람들도 우리가 사는 세상의 일부다. 우리는 이와 같은 악에서 자유롭지 못해서, 또한 그런 문제를 처리할 수 없는 무능함 때문에 비통해하지만, 공동체의 깊은 역설은 우리가 '세상'의 이러한 차원에도 더 많이 관여되어 있음을 인식하게 한다.

먼저 짚고 넘어가야 할 것은, 공동체가 경쟁적인 개인주의와 그 폭력적인 결과에 미쳐 있는 사회에 꼭 필요한 증인 역할을 한다는 점이다. 정치 평론가들이 말하는 것처럼 건강한 정치의 회복은 서로 도우며 책임을 나누는 작은 공동체들, 즉 영국의 정치가 에드먼드 버크(Edmund Burke)가 민주주의를 가능케 하는 조건으로 지적한 "작은 소대(小隊)들"의 여부에 달려 있다.4) 또 다른 점을 이야기하자면, 우리가 속한 공동체는 도덕성의 공동체이자 그 이상의 공동체, 즉 하나님의 부르심에 귀 기울이면서 고통으로 신음하는 세상의 필요에 반응하는 공동체이다.

공동체에서의 삶은 하나님과 세상이 우리 삶에 요구하는 것에 구체적으로 행동하기 쉽게 한다. 예를 들어, 검소한 삶은 공동체에서 살아갈 때 훨씬 수월하다. 우리는 공동체에서 여러 자원을 공유하기도 하고 더 적게 소비하도록 서로를 격려할 수도 있다. 또한, 공동체는 우리 시대가 요청하는 도전적인 행동에 필요한 정서적 지원 등을 많이 제공한다. 요컨대, 바로 이것이 세상의 어떤 세력을 피해 공동체에 들어왔지만 우리 형제자매들이 처한 상황에 더 깊이 관여하게 되는, 공동체가 지닌 또 하나의 역설이다.

우리는 역설의 관점에서 우리 삶을 잘 이해하지 못한다. 대신 개인 대 집단, 자신 대 타인, 관조 대 행동, 성공 대 실패라는 이원론으로 세상을 바라보고 생각하도록 배워왔다. 그러나 우리 삶에서 참된 진리를 충분히 드러내려면 역설이 필요하다. 양극단에 모두 진리가 있으며, 우리는 긴장 관계에 있는 둘 사이에서 살아갈 때 가장 창조적인 삶을 살 수 있다.

이에 대해 좀 더 이야기해도 좋겠다. 우리는 상반되어 보이는 것을 종합할 때 진리에 더 가까이 다가갈 수 있다. 이원론을 초월하여 살 때 우리 생각 너머에 있는 진리를 발견할 수 있다. 윌리엄 존스턴이 그의 저서 『그리스도인의 참선』(분도출판사, 1996)에서 이야기한 것처럼 "기독교는 우리 마음이 깜짝 놀라 도저히 이해할 수 없어 쿵쾅거리게 만드는 엄청난 선문답이라고 할 수 있다. 또한 믿음은 겸손함으로 … 역설을 받아들이는 영혼의 깊은 영역 속으로 향하는 돌파구이다."

공동체는 우리가 역설을 누릴 수 있는 상황을 만들어준다. 우리 마음속에 공동체를 하나의 원으로 그린다면, 그 원은 삶의 상반된 것들이 서로 만나서 접촉하고, 서로의 속으로 거침없이 흘러들어가는 현상을 나타내는 이미지라고 할 수 있다. 우리는 그 원 안에서 겉으로는 모순인 듯 보이는 경험 너머에 있는 연합을 어렴풋이 보게 된다.

우리는 1년을 계획하고 들어온 펜들 힐에서 앞으로 3년, 아니면 더 오래 머물 예정이다(역주-실제로 파커 파머 가족은 1974년부터 1985년까지 약 11년간 펜들 힐에 거주했음). 공동체는 우리가 영위하고자 하는 삶을 살게 해줄 공간이 될 것이다. 물론 우리 계획은 예고 없이 바뀔 수도 있다. 은둔처에서의 시절이 있어야만 공동체의 경험이 완전해진다는 궁극적인 역설 때문이다. 우리가 어느 날 갑자기 공동체를 떠난다고 해도 역설에 대한 이해가 깊어졌기에 우리는 넉넉히 살아갈 수 있을 것이다. 우리가 바라보아야 할 삶의 목적은, 영원히 원 안에 원이 있고 그 원 안에 또 원이 있음을 인식하면서, 우리가 이 원 안에 있든 밖에 있든 간에 우리의 삶을 변함없이 온전한 눈으로 바라보는 것이다.

제4장

공동체라 불리는 곳

"우리가 신의 현현을 기대하는 오직 한 곳, 그곳은 바로 공동체라 불리는 곳이다."

-마르틴 부버, *Between Man and Men*(사람과 사람들 사이) 중에서

부버의 말은 확실히 앞을 내다보는 힘이 있다. 하나님은 인간의 필요가 가득한 곳에서 우리를 찾아오시고, 우리 시대의 가장 절박한 필요는 공동체가 아니면 채워질 수 없다.

공동체의 삶을 통해 소비를 자제해본 경험 없이 자원을 공정하게 나눌 수 있는 삶에 참여할 수 있을까? 나의 행동과 그 행동에 따른 결과가 잘 드러나 보이는 공동체에 살지 않고서 어떻게 책임을 배울 수 있을까? 계급을 따르지 않고 평등한 관계에 기반을 둔 공동체에 살지 않고 어떻게 권력을 공유하는 방법을 배울 수 있을까? 나를 지원해주는 공동체에 살지 않고 어떻게 옳은 일을 하는 데 뒤따르는 위험을

감수할 수 있을까? 우리에게 주어진 책임을 다하는 정도가 아니라 서로에게 인격체일 수 있는 공동체에 살지 않고 어떻게 생명은 모두 신성하다는 것을 배울 수 있을까?

이러한 어려운 질문들과 달리 공동체에 대한 대중의 이미지는 무척이나 감상적이다. 우리는, 특히 한 사회에서 주류에 속한 중산층은 공동체가 보장하는 공동체 안에서의 인격적인 관계에는 가치를 두지만 공동체가 요구하는 정치적, 경제적 정의에 대한 도전은 무시한다. 우리는 '함께 살아가는 삶'에 대해서는 낭만적으로 이야기하지만, 그 이야기에는 공동생활에 따르는 어려움이 빠져 있다.

우리 시대의 문제는 인격주의나 낭만으로 해결할 수 없다. 이 시대의 문제를 공동체의 관점에서 이야기하기 위해서는 우리가 사용하는 용어부터 바꾸어야 한다. 내가 이 글을 쓰는 이유는 공동체에 대한 낭만적인 생각에 담긴 오류를 바로잡기 위해서다. 꿈에 그리던 공동체를 찾는다면 현실의 문제가 이내 우리를 좌절하게 하고, 공동체를 향한 우리의 노력은 그런 상실감을 감당하지 못한다.

공동체에 담긴 종교적 기반이 너무나 쉽게 무시된다는 점도 주목해야 한다. 나는 종교가 환상이 아니라 궁극적인 실재라고 생각한다. 위대한 전통을 가진 모든 종교의 핵심에는 공동체 개념이 담겨 있다. 무엇보다도 구약 성경은 하나님과 언약을 맺었지만 그것을 깨트린 한 공동체에 관한이야기다. 신약 성경은 기도와 섬김의 삶을 살며 다른 사람들과 더불어 사는 힘이 하나님의 영을 받은 증거라고 확실히 말한다. 예컨대, "믿는 사람이 다 함께 있어 모든 물건을서로 통용하고 또 재산과 소유를 팔아 각 사람의 필요를 따라 나눠 주며"(행 2:44, 45)라는 말씀은 소유를 나누는 공동체의 모습이 오순절의 첫 열매였다고 증언한다.

나는 영적 경험을 통해 하나님께서 우리 안에서 또한 우리 사이에서 쉬지 않고 일하시며, 우리를 창조하신 목적인하나됨과 온전함으로 돌아오도록 부르고 계심을 잘 안다.그 부르심에 응답한다면, 우리는 인간과 하나님에게 밝은미래가 있다는 가능성을 입증하는 중요한 증인이 될 수 있다. 다음 내용에서 나는 그 방법과 이유를 나누고자 한다.

공동체를 향한 갈망 _____

이 시대에는 공동체를 추구하는 많은 말과 글이 쏟아지고 있지만 그것이 실제로 행동으로 이어지지는 않는다. 말로는 공동체가 중요하다고 하지만, 20세기의 역사는 함께 더불어 사는 것에서 멀어지는 움직임으로 가득할 뿐이다.

지금까지 미국인들은 여러 세대에 걸쳐 확장된 가족 관계와 소도시에서 일부러 거리를 두고자 했다. 이 두 유형의 공동체는 우리가 함께 사는 것보다 더 중요하게 생각하는 삶의 목표, 즉 경제적 지위 상승이라는 목표를 향해 나아가는 데 방해가 될 뿐이었다. 작은 규모의 지역사회는 우리가 앞으로 나아가는 데 필요한 다양한 일자리를 제공해주지 못한다. 여러 세대의 가족을 부양하려면 일에 매진할 여유나 승진할 기회를 거의 얻지 못하게 된다.

따라서 우리는 경제적 욕구를 충족할 수 있을 만큼 크고 복잡한 도시와 이동하기에 수월한 작은 규모의 가족 형태를 선호하게 되었다. 일반적인 사회학은 우리를 이러한 '이동'과 '흐름'의 피해자로 묘사하며, 마치 근대성이 몰고 온 고난이 우리에게 강제로 가해진 것처럼 설명한다. 그러나 그렇지 않다. 우리는 우리 손으로 친밀한 공동체를 해체해버렸다. 그것은 우리의 위계적인 욕구가 벌인 일이다. 내 말은 대도시와 핵가족이 나쁘다는 뜻이 아니다. 둘 다 나름의 타당한 가치를 가지고 있다. 그러나 그 가치는 모두를 받아들이는 친밀한 공동체의 가치와 상반된다. 우리는 공동체를 갈망하지만, 실상은 개인의 이동성을 담보하는 사회적이고 경제적인 보상을 추구하고 있다.

우리는 공동체의 가치가 우리가 추구하는 다른 가치와 충돌한다는 사실을 인식함으로써, 그리고 우리가 어떤 결정을 할 때 많은 경우 공동체는 뒷전으로 밀려난다는 사실을 인식함으로써 공동체에 대한 낭만에서 벗어나는 의미 있는 첫걸음을 내디딜 수 있다. 지역사회에 더 깊이 뿌리내리기 위해 더 많은 소득이 보장된 타 지역 승진 발령을 포기할 사람이 우리 중에 얼마나 되겠는가. 대도시(아무리 그곳에서의 삶이 외롭다고 한들)에서 나를 감추고 편하게 사는 것을 포기하고, 지겨울 정도로 말 많고 편협한 소도시에서 살 사람이 얼마나 되겠는가. 우리는 공동체의 중요성에 대해 말로만 떠드는 일이 우리 시대의 특징을 관통하는 양면성의 한쪽일 뿐임을, 그 다른 쪽은 아무런 규제가 없는 개인주의를 추앙하는 것임을 깨닫는 데에서 시작해야 한다.

개인주의의 부활 _____

　과거 미국인들은 개인주의와 공동체가 공존하는 것이 가
능하다고 보았기 때문에 둘 모두에 견고한 기반을 둔 양면
성을 가지고 있었다. 실제로 서부 개척시대의 초기 정착민
들은 개인주의와 공동체를 모두 이룰 능력을 갖추어야 했
다. 생존을 위해서는 홀로서기와 더불어 살기가 모두 필요
했다. 그러나 지금 우리 시대에는 개인주의가 활개를 치고
있다. 우리는 여전히 양면성을 지니고 있지만, 우리를 공동
체에 붙들어 매는 닻은 느슨해졌다. 우리는 자율적이고 고
립된 자아라는 암초를 향해 위험하게 표류하고 있다. 이는
우리가 더 이상 공동체에 속할 수 있다고 확신하지 못하기
때문이다.
　미국의 사회학자이자 문화평론가인 필립 리에프(Philip
Rieff)는 그의 저서 *The Triumph of the Therapeutic*(치료법
의 승리)에서 공동체에 대한 확신이 허물어지는 현상을 다룬

다.[1] 그의 주장에 따르면, 한때는 공동체가 개인 인격의 분열을 막아주었는데, 그것은 각 사람이 공동체 안에서 일정한 자리를 차지하고 있었기 때문이다. 예전에는 이 사람이 필요할까 필요하지 않을까, 또 어디에 필요할까 등과 같은 염려는 전혀 없었고, 이런 질문에 대한 답은 사회 구조 자체와 엮여 있었다. 어떤 삶, 또는 어떤 사람의 인격이 허물어질 때는 공동체 자체가 치료법이었다. 공동체 안에서 자아의 회복을 돕고 위안을 주는 역할을 찾을 수 있었기 때문이다.

그러나 공동생활이 무너지면서 인격의 분열이 일어나고, 공동체에 의존하지 않는 형태의 치료법이 필요하게 되었다. 이로 인해 새로운 치료법, 특히 프로이트식의 치료법이 출현했는데, 그 치료법의 목표는 공동체의 지지가 없더라도 작동할 수 있는 자아, 다른 사람이 없어도 잘 살아갈 수 있는 개인을 만들어내는 것이었다. 리에프가 언급했듯이 이러한 자아를 개발하는 것은 치료 과정에서 명시적으로 또는 암묵적으로 권장된다. 예를 들어, "전이의 위기"(crisis of transference, 역주-상담이나 정신분석 치료에서 내담자나 환자가 과거의 어떤 대상이나 인물에게서 경험한 감정을 상담자 또는 치료자에게 투사하는 과정을 '전이'라고 함)는 환자가 치료자에게조차 의존하지 않는 것을 배워야 하는 지점이다. 환자는 치료에 따르는 비용을 지불할 때마다 이러한 정신적 지지가 공동체에서 값없이 나오는 것이 아니라, 시장에서 구매해야 할 대상임을 깨닫게 된다.

더는 공동체를 활용할 수 없으며 혼자 알아서 해결하는 법을 배워야 한다는 생각은 교육을 포함한 현대인의 삶의 여러 영역에 널리 퍼져 있다. 역사적으로 교육과 공동체와 문화는 불가분의 관계에 있었다. 학생들이 배우는 내용은 그들이 알아야 할 필요가 있다고 사회적으로 합의된 내용을 담고 있었으며, 그것은 공동체와 그 문화를 새롭게 하고 재건하는 일에 도움을 주었다.

그러나 오늘날의 교육은 경쟁의 장(場)이 되어버렸다. 실제로 교육 그 자체는 성인 간의 경쟁이 시작되기도 전에 승자와 패자가 결정되는 경기장으로 바뀌고 말았다. 줄을 세우기 위한 평가와 같은 교육 관행은 분명 사회적 다윈주의 (social Darwinism)[2]에 근거를 두고 있다. 학생들이 과제를 하려고 모이면 학교는 이를 '부정행위'라고 부르며 공동체의 미덕을 의심한다. 경쟁보다 협력을 배우는 교육은 '현실 세계'를 위한 준비가 아니라고 말하는 어른들도 있다. 이런 현상의 기저에는 오늘날 학교의 역할이 문화적이라기보다 경제적이어야 한다는 생각이 자리 잡고 있다. 이런 현상은 우리에게 공동체의 지지가 아니라 개인의 생존을 위한 기술이 더 중요하다고 말한다.

공동체는 이제 효능이 없으므로 우리는 홀로 서는 법을 배워야 한다고 전제하는 "치료법의 승리"는 오늘날 영성을 표방하는 많은 것에서도 찾아볼 수 있다. 세속적인 삶은 물론 종교적인 공동체도 우리를 실망시키고 별 도움을 주지 못했다. 그 결과, 종교적 경험이나 영적 삶을 추구하는 많은 사람이 제도화된 교회에 등을 돌리고 있다.

그 결과, 자아를 찾는 고독한 여행을 강조하는 특정 형태의 영성이 많은 지지자를 끌어모았다. 이런 '새로운 종교들'이 최악으로 치달으면 자아를 영적 추구의 대상으로 삼게 된다. 그것은 하나님의 형상을 따라 창조된 자아도, 퀘이커교도들이 말하는 것처럼 그 속에서 "하나님의 자아"가 발견되는 자아도 아니다. 어떤 신흥 종교는 하나님과 자기 자아를 같다고 여겨, 진정한 자아와 이기적인 자아가 상호 흡수되어 양자 간의 충돌이 사라진다. 또한, 언약의 공동체에 참여함으로써 정의되는 자아의 개념도 사라지고, 이와 함께 자아 너머에 있는 무언가를 신뢰할 수 있다는 확신도 사라지고 만다.

공동체를 추구할 때 따르는 위험 _____

공동체를 찾기가 점점 더 힘들어진다는 주장에는 충분한 근거가 있다. 오늘날에는 지속 가능하고 신뢰할 만한 관계를 찾거나 만들기가 쉽지 않다. 그러나 이러한 현실주의는 우리에게 절대로 유익하지 않다. 우리가 그런 생각에 따라 행동하고 혼자서 일을 해결하려고 할 때마다 그런 현실을 더 견고히 하는 것이 되기 때문이다.

공동체를 의지할 수 없다는 생각은 자기 성취적인 예언과도 같다. 우리가 그런 생각에 따라 행동하면 할수록 우리는 다른 사람에게 책임을 요구하지 않고, 우리 자신도 누군가에게 의지가 될 수 없는 사람이 되고 만다. 미국의 사회학자 찰스 밀스(Charles Mills)는 이를 "터무니없는 현실주의"라고 불렀다. 이런 생각의 유일한 결론은 공동체가 급속하게 쇠퇴하는 것이기 때문이다.[3] 우리는 우리에게 공동체를 만들 힘이 있다고 이야기하고, 그에 따라 행동하는 용기를 회복해야 한다. "마치 ~인 것처럼" 행동할 때라야 비로소 우리에게 잘 맞는 미래를 창조할 수 있기 때문이다.

개인의 삶이 건강해진다는 것이 무엇을 의미하는지를 새롭게 이해할 때, 우리는 그런 용기를 얻을 수 있다. 우리는 극심한 자의식의 시대, 자기회의와 자기분석, 자조(自助)의 시대를 살고 있다. 우리는 개인의 단층을 따라 발생하는 움직임을 측정하는 심리적 지진계를 가지고 태어나서 자기 내면에 일어나는 아주 사소한 변화도 모두 알아차리는 것처럼 보인다. 우리가 사는 시대는 자신에게 초점을 두고 자기 갱신을 위한 자원을 추구할 때 개인의 건강을 갖게 된다고 생각하는 시대다.

그러나 행복은 그것을 추구하는 사람은 피해 가고, 다른 것을 삶의 목표로 삼는 사람에게 찾아오는 이상한 것이다. 이는 "자기 목숨을 얻는 자는 잃을 것이요 … 자기 목숨을 잃는 자는 얻으리라"(마 10:39)라는 예수님의 말씀에 가장 잘 나타나 있다. 우리는 우리의 아픔과 다른 이의 아픔을 동일시하고, 우리가 모두 앓고 있는 공통된 질병을 초래한 상황에 저항하기 위해 연대하는 것이야말로 우리의 병든 자아를 치료하는 궁극적인 방법이라는 사실을 깨달아야 한다.

즉, 궁극적인 치료법은 개인이 처한 어려움을 공공의 문제로 바꾸는 것이다. 그렇게 하고자 힘쓸 때, 어떤 개인적인 문제는 공공의 위상을 갖기에는 너무 사소하다는 것을 알게 될 것이고, 그러면 그런 문제는 사라질 것이다. 또 어떤 문제는 단지 개인의 아픔이 아니라 사회의 집단적인 병폐로서 이 시대의 공통된 문제라는 사실이 드러난다. 형제자매의 삶 속에서 나타나는 우리 자신의 어려움을 바라보고 그것에 응답할 때, 우리는 건강을 되찾기 시작할 것이다. 진정한 치료란 공동의 관심사를 중심으로 관계 맺는 일을 포함하며, 그렇게 할 때라야 우리 자신을 치료할 수 있다.

이 모든 것은 기존의 통념을 뒤집는 일이다. 우리가 공동체를 두려워하는 이유는, 우리 자아가 집단의 정체성에 함몰되어 자아를 잃어버리게 될 것이라고 생각하기 때문이다. 우리는 개인과 공동체를 서로 반대 방향에 놓고 전자를 선택한다. 그러나 이는 공동체에 대한 우리의 두려움이 빚어낸 기이한 자아 개념이다! 자아는 다른 수많은 자아가 움직이는 교차점이며, 우리 자아와 상호작용하고 우리 자아를 풍요롭게 하는 모든 삶에 의해 형성된다는 사실을 기억하는

가? 내가 속한 공동체가 더 크고 풍요로울수록 나의 자아를 이루고 있는 것들도 더욱 크고 풍요롭게 된다. 역설적으로 공동체와 개성은 손을 잡고 함께 간다. 여러 유형의 생활방식을 선택할 수 있는 교외의 부촌이지만 공동체가 형성되지 않은 곳보다, 생활방식을 선택할 기회는 거의 없지만 풍요로운 공동체 생활을 하는 지방 마을에서 개성이 꽃을 피운다.

우리가 개인적인 행복을 상실한 이유는 공동체를 잃어버렸기 때문이다. 그러나 잃어버린 것은 얼마든지 되찾을 수 있다. 공동체를 이루는 위험을 감수하고자 하는 욕구와 의지를 가진 사람들이 점점 더 많아질 때, 공동체는 다시 세워진다. 그렇게 할 때 우리는 이전에 생각한 위험이 그저 환상에 불과하다는 사실을 깨달을 것이다. 공동체에 대한 두려움의 반대편에는 그 어떤 위험도 존재하지 않으며, 우리가 그러한 근본적인 사실을 잊고 있었다는 당혹감과 함께 우리의 인생은 더불어 살아가게 되어 있었다는 뼛속 깊은 기억만이 되살아날 뿐이다.

공동체의 정치 _____

개인을 치유하는 최상의 방법은 공동체를 세우는 일이며, 공동체를 세우는 일은 최상의 정치다. 따라서 공동체는 치유와 정치가 만나는 공간이자, 개인의 건강과 집단의 건강이 서로 긴밀한 관계를 맺고 있음을 인식하는 공간이다.

너무나 많은 현대인이 겪고 있는 문제이자 공동체가 치료할 힘을 가지고 있는 '외로움'에 대해 생각해보면 치료와 정치의 관계는 분명해진다. 외로움은 단순히 대인관계의 문제만이 아니라, 정치적 원인과 결과에서 비롯된다. 우리가 외로움을 느끼는 이유는 대중사회가 계속해서 우리를 공동 운명의 문제에 관여하지 못하도록 가로막고 있기 때문이다. 외로움은 우리를 애처로운 동시에 정치적으로 위험한 사람으로 만들어 수많은 정치 공작의 먹잇감으로 삼는다. 만일 우리가 이 사실을 알았더라면 우리는 개인의 운명과 공동체의 운명에 영향을 끼치는 결정권을 좀 더 공정하게 분배함으로써 정치적, 개인적 건강에 보탬이 되는 공동체를 만들었을 것이다.

정치학자들은 다양한 유형의 공동체가 권력 분배에 중요

한 역할을 한다는 사실을 오래전부터 알고 있었다. 가정과 이웃, 직장, 교회, 여러 자생 단체와 같은 공동체는 홀로 살아가는 개인과 국가 권력 사이에 자리하고 있다. 이런 공동체들은 개인이 국가의 요구에 맞서 완전히 취약한 입장에 서지 않도록 개개인에게 정치적인 완충지대 역할을 한다. 이런 공동체는 개인의 작은 목소리를 확대하여 그런 소리에 귀 기울이지 않는 국가, 청력을 상실한 국가가 그것을 들을 수 있도록 해준다. 우리는 이런 공동체 속에서 우리 개인의 이익과 집단의 이익을 잘 조율하는 힘을 기른다.

이러한 공동체가 양적으로나 질적으로 퇴보하면 그 결과는 "(산업화, 도시화 된) 대중사회"로 나타난다. 대중사회의 특징은 단순히 큰 규모에 있지 않고, 그 안에서 사는 개인들이 서로 유기적인 관계를 맺지 못하고 국가 공동체의 일부에 지나지 않는다는 데에 있다. 대중사회에서 개인은 개인의 의미를 수호하고, 개인의 힘을 확대하며, 민주주의의 관습을 가르치고 배우는 공동체의 네트워크가 없는 상태로 국가에 맞서 홀로 서 있다.

대중사회에서 사람들이 겪는 외로움은 그들의 정치적인 무능함을 나타내는 척도가 된다. 그런 점에서 다 같이 행동할 수 없는 무능력을 생각하면, 대중사회가 전체주의로 바뀌는 일은 눈 깜짝할 사이에 일어날 수 있다. 전체주의 사회에서는 국가가 중간 공동체의 숫자와 특성을 엄격하게 관리하여 개인이 국가에 저항하도록 지지하고 힘을 불어넣는 공동체의 역할을 방해한다. 민주주의 사회에서 진정한 공동체가 쇠퇴하면 민주주의 자체도 후퇴할 수밖에 없다.

우리가 '정치'를 정부와 관련된 제도와 그 제도의 작동방식이라고만 생각하는 것은 큰 오산이다. 민주주의 제도의 작동은 공공의 삶의 존재 여부에 달려 있다. 공공의 삶은 정부에는 책임을 다하고 있는지 묻고, 사람들에게는 정치인들을 향해 무언가를 요구할 권한을 부여한다. 좀 더 근본적으로는 사람들이 상호 관계를 맺고 있음을 배우고 알게 되는 환경을 말한다. 이에 대한 이해가 없다면 사람들은 개인의 이익에 직접적인 영향을 끼치는 경우를 제외하고는 정치에 전혀 관심을 두지 않을 것이고, 그 결과 민주주의는 황폐해질 것이다. 공동체는 민주주의 정치의 전제 조건이며, 공동체를 세우고 유지하는 일은 정치적인 일을 앞서는 필수 과제에 해당한다.

그러나 우리 사회는 개인주의의 골이 깊어지고 있는 상

황이다. 풍요로움(또는 그 환상을 유지하려고 하는 욕망)은 다른 사람의 눈과 귀에서 자신을 지키도록 고안된 삶의 방식으로 우리를 이끌어간다. 우리가 공유하거나 서로에게 공급하는 공공재와 서비스는 개인의 소비품이 되며, 그로 인해 공동체의 구조는 힘을 상실한다. 우리는 서로 의존할 수밖에 없는 존재임을 드러내기보다 자유를 구매하고자 하며, 시민보다는 소비자가 되는 데에 관심이 많다.

물론 우리는 자율적인 존재인 것처럼 보이려고 노력하지만, 실상 우리는 지극히 상호의존적인 존재다. 전 세계의 경제 위기가 깊어질수록 우리가 얼마나 상호의존적인지를 알게 될 것이며, 이를 통해 우리는 공동체가 필요한 존재임을 깨닫게 될 것이다. 1970년대 중반 '오일 쇼크'가 절정에 이르렀을 때, 사람들은 이웃과 차량을 공유하는 법을 금세 익혔다. 그러나 위기가 지나가자마자 고통을 나누는 일도 함께 사라졌다. 이런 위기가 증폭되면 사람들은 모든 것이 예전과 같지 않을 거라는 생각을 애써 외면하면서 경쟁과 소유라는 옛 습관이 설득력을 얻는 과도기를 맞을 것이다. 그러고 나면 공유만이 살길이라는 전 세계적인 압력이 너무 커져서, 공동체를 이루는 일이 유일하고도 합리적인 선택이 될 것이다.

따라서 실제로 공동체의 본성을 키우고 공동체를 이루기 위해 수고하는 사람들은 우리가 공동으로 맞이할 미래를 위해 매우 중요한 과업에 참여하는 자들이다. 공동체의 정치와 경제는 근본적인 것으로, 그 의미를 온전히 이해하기 전까지 공동체에 대해 우리가 갖는 이미지는 여전히 낭만적이고 무의미할 수밖에 없다. 공동체는 영혼의 안락함 그 이상을 뜻한다. 언제나 그러했듯 공동체는 인류의 생존을 의미한다.

참된 공동체, 거짓된 공동체 _____

공동체를 추앙하는 노래를 부를수록 우리는 '공동체'가 무조건 '좋다'는 또 다른 낭만적 오류에 빠지기 쉽다. 그러나 절대 그렇지 않다. 셀마(Selma)와 시세로(Cicero), 남 보스턴(South Boston) 등지에서 발생한 인종차별 집단주의와 같은 사례는 모두 공동체에서 일어난 일이긴 하지만 그 공동체들은 거짓된 공동체였다. 참된 공동체와 거짓된 공동체의 차이를 분별해야만 공동의 삶에 대한 감상주의에 빠지지 않을 수 있다.

거짓된 공동체의 최악의 경우는 참된 공동체가 쇠퇴하면서 생기는 전체주의 사회다. 대중의 외로움 속에서 사람들은 자신보다 큰 어떤 대상이나 무의미한 삶에서 자신을 구해낼 수 있는 대상과 스스로를 동일시하고자 열망한다. 이러한 열망이 너무 깊어지면 허울뿐인 공동체에서도 그런 열망을 충족시킬 수 있을 것으로 생각하기 때문에, 전체주의는 언제나 신화로 스스로를 장식하고 대중을 위한 공동 연회로서의 자신을 드러낸다. 나치 독일이 악마적인 유형의 공동체가 아니면 무엇이겠는가. 모든 민족주의나 인종차별주의가 미친 듯 날뛰는 공동체의 전형이 아니면 무엇이겠는가.

참된 공동체와 거짓된 공동체의 사회적, 정치적 차이는 얼마든지 나열할 수 있다. 예를 들어 거짓된 공동체는 국가에 의해 조작되는 반면, 참된 공동체는 정부의 권력에서 자유롭다. 참된 공동체에서는 사람들이 기존의 권력에 맞서는 방식으로 자유롭게 관계를 형성하는 반면, 거짓된 공동체에서 권력은 수용할 만한 단체 결사를 제한함으로써 스스로를 방어하려고 한다.

거짓된 공동체는 개인보다 집단을 우월하게 여기지만, 참된 공동체에서는 개인과 집단 모두 진리를 주장할 수 있다고 생각한다. 참된 공동체에서는 집단이 개인을 점검하며 균형을 이루고, 개인은 집단을 점검하며 균형을 맞추어간다. 진리가 반드시 다수에게서만, 또는 광야에서 외치는 하나의 목소리에서만 발견되는 것이 아니기 때문이다. 거짓된 공동체에서는 나치 독일의 "피, 땅, 그리고 인종"과 같은 이데올로기의 추상적 개념이 개인을 삼켜버린다. 그러나 참된 공동체는 추상적인 계급의 개념이 아니라 구체적 실체를 가진 개인들의 평가 위에서 세워진다.

거짓된 공동체는 동질적이고 배타적이며 분열을 조장하지만, 참된 공동체에서는 다채로움을 지닌 사람들이 어우렁더우렁 살아간다. 우리는 너무 빨리, 그리고 너무 쉽게 만들어지는 '공동체'를 의심해야 한다. 그것은 공동체가 아니라 공통성을 추구하는 기존의 사회적 범주들에 의존하는 경향을 보인다. 그러나 이런 공통성은 참된 공동체가 제공하는 인간의 성장과 확장성을 길러내지 못한다.

이런 모든 사회학적 차이들 외에도, 참된 공동체와 거짓된 공동체의 차이의 핵심을 보여주는 신학적인 방식이 있다. 거짓된 공동체는 실상 우상 숭배와 같다. 이런 공동체는 인종, 신조, 정치적 이데올로기, 또는 생활 방식과 같은 유한한 속성을 택하여 그것을 마치 궁극적인 것처럼 치켜든다. 거짓된 공동체는 상대적인 것을 절대적인 것으로, 일시적인 것을 영원한 것으로 만들며, 비판적으로 바라보아야 할 것을 오히려 추앙함으로써 안전을 추구한다. 그들은 자신의 권력과 하나님의 권력을 혼동하고, 그런 권력을 삶과 죽음의 문제를 결정하는 데 사용한다. 거짓된 공동체는 궁극적으로 악하다. 그러나 이것이 참된 공동체는 반드시 신성하다는 뜻은 아니다. 둘 다 인간적인 특성을 가지고 있기 때문이다. 그러나 참된 공동체는 시간이 지남에 따라 하나님의 자비와 심판 모두를 경험하는 언약의 형태를 취하게 된다.

이런 범주들은 고정되어 있지 않아서 거짓된 공동체가 참된 공동체로 바뀔 수도 있고, 반대로 참된 공동체가 거짓된 공동체로 변할 수도 있다. 참된 공동체 주변에는 우상 숭배의 전제 조건인 자만과 오만의 유혹이 항상 도사리고 있다. 따라서 참된 공동체는 그 자체가 신성시되지 않도록 부풀려진 거품을 뺄 준비가 되어 있는 자기 비판적인 공동체다. 참된 공동체는 그것이 가장 중요하게 여기는 바가 무엇인지를 세심하게 살피는 메커니즘에 따라 움직이는데, 바로 그 지점이 우상 숭배의 위험이 도사리고 있는 곳이기 때문이다.

지금까지 이야기한 모든 것은 공동체가 궁극적으로 종교적인 성격을 갖고 있음을 알게 해준다. 초월적인 능력 말고는 부서지고 고집이 센 인간의 자아를 한데 묶을 수 있는 것이 없다. 그러나 초월적으로 보이는 모든 힘이 창조적이거나 친절하지만은 않다. 그 능력이 무엇이고, 그것에 의지하는 사람들에게 그러한 능력이 요구하는 바가 무엇인가가 공동체 생활의 질을 결정한다.

공동체에 대한 몇 가지 신화 _____

참된 공동체를 이해하려면 오늘날 우리가 흔히 가지고 있는, 공동체의 실재를 가리고 있는 몇 가지 낭만적인 신화를 해체해야 한다.

첫째, 공동체는 사치품으로 가득한 삶에 추가할 수 있는 안락함이라는 신화이다. 풍요로운 삶을 사는 사람들에게 공동체는 또 하나의 소비 대상일 뿐이다. 주말에 문화센터에 가서 공동체를 돈 주고 사거나, 보안이 잘된 마을에 집을 사서 그것을 얻을 수도 있다.

그러나 공동체란 우리가 붙잡으려고 하면 도망가는 (개인의 행복과 같은) 것으로, 오히려 헌신하고 고군분투하는 삶에 따라오는 선물과도 같다. 공동체는 우리가 어떤 문제를 해결하거나 상처를 치유하기 위해, 또는 누군가를 섬기기 위해 자발적으로 나설 때 우리에게 다가온다. 그렇게 되면 우리는 서로가 우리 삶을 위축시키는 것에 저항하는 연대의 관계를 맺고 있음을 알게 된다. 가장 인상적인 공동체성은 선을 위해 기꺼이 수고하는 사람들과 독선과 횡포를 거부하고 우리의 삶을 긍정하는 사람들 속에 뚜렷하게 나타난다는 사실은 결코 우연이 아니다.

공동체에 대한 모든 신화 중에서 공동체를 하나의 상품으로 보는 신화가 가장 극복하기 어렵다. 세상은 우리에게 직접적이며 적극적으로, 오직 그것만 생각하며 우리가 원하는 바를 추구하며 살라고 가르친다. 그러나 이런 방식으로는 공동체를 붙잡을 수 없다. 원한다고 해서 공동체를 가질 수 있는 것은 아니다. 공동체의 토대가 이기심을 넘어 다른 사람들을 위한 삶 가운데 있기 때문이다. 우리의 믿음과 행동이 겉으로 보이지 않는 인류 공동체와 연결될 때라야 우리 주변에는 눈에 보이는 공동체가 자라갈 수 있다.

또 다른 신화는 공동체를 유토피아처럼 생각해서 우리가 서로에게 쉽게 다가서면 다시 형제자매가 될 것이라고 생각하게 만드는 것이다. 그러나 공동체는 유토피아라기보다 용광로나 제련소의 불과 같아서 서로에게 다가가면 자아 간의 충돌이 일어나기 마련이다. 하나님은 이 과정에서 우리 자신과 우리의 한계, 그리고 우리가 다른 사람들에게 필요한 존재라는 사실을 배우기를 원하신다. 이 과정에는 분명 우리 마음대로 되지 않는 고통이 따르지만, 디트리히 본회퍼의 말대로 참된 길을 찾게 될 것을 약속받는다.

온전한 그리스도인 공동체가 깨어지는 경우가 수없이 많이 생기는 이유는 그 공동체가 막연한 꿈에서 시작되었기 때문이다. … 하나님의 은혜는 이런 꿈들을 바로 흩트려버린다. 하나님이 우리가 진정한 그리스도인의 교제를 알기를 바라시는 것과 마찬가지로 우리는 다른 그리스도인과 다른 사람들, 그리고 나아가 우리 자신에 대해 엄청난 환멸을 느껴야 마땅하다. … 하나님은 감정의 하나님이 아니라 진리의 하나님이시다. … 그리스도인 공동체 자체보다 공동체에 대한 자신의 꿈을 더 사랑하는 사람은 그 의도가 제아무리 순전하고 진지하며 희생적이라고 할지라도 결국 그리스도인 공동체를 파괴하고 만다.[4]

그리스도인 공동체든 아니든 간에 '막연한 꿈'만 가지고 공동체를 찾아오는 사람은 상처를 받고 화를 내며 공동체를 떠날 것이다. 공동체를 이루겠다는 바람도 잃어버리고 말 것이다. 그러나 자기의 꿈이 사라지고 자아가 상처를 입더라도 살아남는 사람은 공동체에 대한 환상보다 그 진리가 더욱 풍성하고 견고하다는 사실을 알게 될 것이다. 이는 공동체 안에서 나 자신이 현실의 척도가 아니라는 것과, 다양한 시각을 통해서만 온전한 진실에 다다를 수 있다는 점을 배우기 때문이다.

공동체를 유토피아처럼 생각하는 꿈의 더 큰 위험은, 우리가 비슷한 사람들하고만 함께하고 싶어 한다는 데 있다. 바로 여기에서 우리는 공동체의 세 번째 신화를 마주하게 된다. 이는 우리 자아를 확대하고 확장한 것이 공동체라는 생각, 공동체가 현실에 대한 우리의 파편화된 생각을 확증할 거라는 신화다. 나는 종종 어떤 집단이 새로운 구성원을 선정하고, 이로써 내부의 불협화음을 관리하는 절대적인 힘을 가진 공동체가 있다는 말을 듣는다.

그러나 실상은 그렇지 않다. 참된 공동체에서는 함께할 사람을 선택하지 않는다. 우리의 선택은 언제나 이기적인 동기에 좌우되는 한계를 가지고 있기 때문이다. 오히려 함께할 새로운 사람들은 우리에게 은혜로 주어지며, 때로는 그들이 우리의 자아상과 세계관을 뒤흔들기도 한다. 사실상 참된 공동체는 우리가 가장 함께하고 싶지 않은 사람과 언제나 같이 살아가는 곳이라고 정의할 수 있을지도 모른다!

우리가 그런 사람과 기꺼이 같이 살아가고자 한다면, 미국의 사회학자 리처드 세넷(Richard Sennett)이 "정제된 공동체"(purified community)라고 부른 함정을 피해갈 수 있다.[5] 깨끗하게 걸러진 공동체에서는 전형적인 교외 지역에서 사는 것처럼 우리 삶을 도전하는 요소가 거의 없다. 성장이 전혀 일어나지 않을 정도로 서로 유사한 부류에 둘러싸여 있기 때문이다. 참된 공동체에는 이 세상을 우리의 형상대로 만들고자 하는 욕구를 뒤흔들기에 충분한 다양함과 갈등이 존재한다. 참된 공동체는 우리에게 "내 뜻대로 마옵시고 당신 뜻대로 하옵소서"라는 예수님의 기도에 담긴 의미를 가르쳐준다.

이러한 신화를 탐구하고 살피다보면 참된 공동체가 사회적이고 심리적인 원리로 환원될 수 없는 영적 실재임을 다시금 알게 된다. 만일 "우리가 서로를 향해 돌아서는 일은 하나님을 향해 돌아서는 것과 같다"는 마르틴 부버의 말이 옳다면, 공동체는 회심의 장소, 말 그대로 '돌아섬'의 장소라고 할 수 있다.[6]

공동체는 우리에게 서로 사랑하도록 부르심을 받았다는 사실을 일깨워준다. 공동체는 단순히 자기 유익의 산물이 아니라 구체적인 행위에 의한 사랑의 산물이기 때문이다. 공동체는 우리가 가지고 있는 관념에 따라 통제될 수 없는 하나님을 깊이 경험하도록 우리 자아를 깨뜨려 열어 놓는다. 공동체는 우리에게 진리에 대한 우리의 이해가 부족하고 불완전하다는 사실, 그리고 우리 삶에 대한 하나님의 온전한 말씀을 들을 귀가 많이 필요하다는 사실을 가르쳐준다. 그렇게 되면 공동체의 삶에 대한 실망은 우리가 유일하게 의존할 힘이 인간의 모든 구조와 관계 그 너머의 삶에 있음을 발견하는 것으로 변화한다.

공동체라면 피할 수 없는 환멸감을 대비하는 유일하고도 진정한 방법은 이러한 영적 기초에서 찾을 수 있다. 환멸은 우리가 공동체가 아닌, 진리와 빛이신 하나님을 추구할 때에만 극복할 수 있다. 따라서 우리는 공동체에 헌신하지 말고, 인간이 세워놓은 모든 것 너머에 계신 분께 헌신해야 한다. 그렇게 할 때 오히려 우리는 공동체 속으로 자연스럽게 들어갈 수 있고, 공동체가 가르치는 어려운 교훈을 감당하여 더 장대하고 진실한 삶을 살아갈 수 있다.

공동체의 여러 얼굴 _____

공동체는 영적 개화의 과정이다. 그러나 동시에 어떤 공간이기도 하다. "우리가 신의 현현을 기대하는 오직 한 곳, 그곳은 공동체라 불리는 곳이다"라는 부버의 말에는 과정과 장소로서의 공동체의 의미가 뒤섞여 있다. 신의 현현, 살아계신 하나님과의 만남은 분명 신비롭고 역동적인 일이다. 그러나 그리스도인과 유대인들에게 신과의 만남은 언제나 이 세상의 구체적인 장소에서 일어난다. 장소에 대한 감각을 잃어버리면 공동체는 우리의 상상을 자극할지는 몰라도 결국 현실의 삶과 연결되지 못하는 추상적인 영적 용어로 전락하고 만다.

미국 역사의 중요한 순간에는 공동체 정신이 부흥한 때가 있었다. 그때 사람들은 거대한 사회를 멀리하고 의도적으로 소규모의 공동체에 속하며 함께 살아가는 삶에 참된 가치가 있다고 생각했다. 공동체의 삶을 실험하는 일은 높지 않은 강도로 함께하는 삶을 영위할 수 있는 '학습 실험실' 역할을 한다는 점에서 매우 중요하다. 그러나 많은 사람이 그렇게 살 수는 없다. 우리는 현대인에게 적합하지 않은 공동체를 보면서 절망하는 대신 우리가 있는 바로 이곳에서 공동체를 세우도록 서로 도와야 한다. 과학기술이 발달한 도시에서 인간의 근원을 회복하기 위해서는 다양한 형태의 공동체를 만들어가야 한다.

우리는 우선 가정이라고 불리는 공동체에 우리의 마음을 쏟도록 부르심을 받았다. 공동체를 추구하는 삶에서 가정의 역할은 분명하다. 많은 경우, 가정에서 공동체를 이루는 일은 정말로 어렵고 거의 불가능한 일이다. 가족의 신뢰와 지지를 받지 못한 가정에서 성장한 사람은 성인이 되어서도 누군가에게 배척당할지 모른다는 두려움에 선뜻 공동체를 이루려는 엄두를 내지 못한다.

많은 사람이 가정을 포함하여 모든 공동체를 개인의 신분 상승과 경제적 소득의 증가보다 우선시한다고 생각하는 것은 이상주의적인 생각일지도 모른다. 그러나 가용한 자원이 점점 줄어드는 현상을 생각하면 그렇게 될 수밖에 없다. 우리 중 많은 사람과 아이들은 더는 경제적 에스컬레이터에 '올라탈' 수 없고, 그 결과 신분 상승이 멈추어버려 우리를 둘러싼 환경에 자족하는 법을 배워야 할지도 모른다. 평준화된 경제사회는 지금보다 많은 것을 공유하게 하며, 그런 공유는 일종의 대가족의 모습을 하게 된다.

경제 동향이 가정에 미치는 영향은 무엇보다도 일과 그에 따르는 보상에 있어서 공정함을 요구하는 여성에게서 분명하게 나타난다. 앞선 시대에서 가정을 하나로 묶어주던 어머니의 역할은 여성이 임금을 받는 노동자의 역할에서 멀찌감치 떨어져 있었기에 가능한 일이다. 여성이 자신들의 경제적 권리를 주장함에 따라 가정이 공동체 생활의 모델이 되려면 남자들이 집안일에 더 많이 동참해야 한다.

가정이 우리에게 공동체보다 큰 영향을 끼치는 모델이라는 사실은 분명하다. 우리 중 많은 이는 각 사람이 능력에 따라 자신의 역할을 다하고 필요에 따라 받아 누리는, 예를 들어 능력 있는 사람이 돈을 벌어오면 필요한 사람이 그걸 가져다 쓰는 공용 항아리를 가진 공동체는 불가능하다고 생각한다. 그러나 끈끈한 가정에서는 돈을 버는 사람이 돈을 벌지 않는 아이나 배우자가 그들이 누리는 자원에 대해 같은 권리를 갖고 있다는 사실을 문제 삼지 않는다. 우리는 '우리 가족'에 속하는 사람의 범위를 넓혀서 지금보다 더 큰 공동체를 이룰 수 있다.

가정 외에도 우리 중 일부는 지역사회에서 이웃과 공동체를 이루라는 부르심을 받을 수 있다. 지역사회는 "네 이웃을 네 몸과 같이 사랑하라"라는 계명을 실천하기 어려운 장소다. 다시 말하지만, 우리는 대부분 이웃과 일정한 거리를 두기 원한다. 우리는 바쁜 삶 속에서 사적인 공간을 고수하고, 옆집에 사는 사람들과 얽히고 싶지 않을 뿐 아니라, 의무감 없이 살고, 어떤 필요나 기회에 의해 다른 지역으로 이사하더라도 아무런 상실감 없이 옮기고 싶어 한다.

우리 이웃의 건강함은 국가와 같은 더 큰 정치 공동체의 건강함과 직결된다. 지역사회 공동체가 없이는 대의 민주주의도 존재할 수 없다. 정치 용어로 말하자면, 이웃은 그저 원만한 관계를 맺으며 사는 곳이 아니다. 이웃은 시민성의 처소이자 근원이며, 상호 연대감과 책임감, 효능감이 생기는 원천이다. 오늘날 너무도 많은 사람이 느끼는 정치적 무력감은 지역사회 공동체의 실패와 밀접한 관련이 있다. 정치 근육을 단련할 소우주가 없는 사람들이 어떻게 국가의 향방에 영향을 미칠 수 있겠는가.

이동이 빈번한 대도시에서는 이웃이 스스로를 공동체로 인식하려면 외부의 힘이 필요하다. 오늘날 그런 외부의 힘 가운데 하나는 인구 구성의 변화이며, 특히 그 지역의 인종과 경제적 구성이 변한다는 사실이다. 물론 대부분의 경우 사람들은 이러한 변화를 두려워하거나 방어적으로 접근하려고 한다. 그래서 우리와 다른 사람들을 배제하려고 거짓 공동체를 만들기도 한다.

그러나 좀 더 긍정적인 결과도 가능하다. 워싱턴 시 교외 지역에서 5년 정도 살면서 나는 백인 중산층 사람들이 공동체의 변화에 잘 대처하도록 돕는 프로젝트에 참여했다.[7] 이 프로젝트의 핵심은 변화에 저항하는 원인을 발견하고 극복하도록 돕기 위해 8주 동안 열에서 열다섯 명 정도의 사람이 참여하는 '거실 세미나'였다.

　이 세미나에 참여한 사람들은 '타자'에 대한 두려움을 보이긴 했어도, 변화를 회피하려고 하지는 않았다. 그들은 변화를 받아들이고 그것으로부터 배우고자 했다. 그러나 그들은 고립감으로 인해 두렵고 불안해했다. 그래서 작지만 실천적인 방법으로 공동체를 만들어가기 시작했다. 예를 들어, 어떤 사람들은 "이웃끼리 나눌 수 있는 자원의 목록"을 개발했다. 이것은 이웃 주민이 공유할 수 있는 관심사와 기술을 목록으로 작성하는 일이었다. 사람들은 서로 교환할 수 있는 것을 통해 공동체를 이루어갔지만, 아주 단순하게는 이집 저집 이웃을 찾아다니며 목록에 넣고자 하는 것이 무엇인지를 묻는 단순한 일도 공동체를 세워주었다.

　이웃을 만나려면 물론 분명한 이유가 필요하다. 그러나 얼굴을 맞대고 무언가를 할 때 공동체가 생기고, '저들'에 대한 우리의 두려움도 사라진다. 이런 작은 프로젝트는 이웃과 깊은 관계를 맺을 수 있도록 해주었고, 사람들에 대한 고정관념을 버리고 인간적으로 대하는 공동체를 이룰 수 있게 해주었다.

가정과 이웃 말고도 우리는 학교와 직장에서 공동체를 이루도록 부르심을 받기도 한다. 많은 미국인에게 학교와 직장은 '더 많은 성과'를 내려고 서로 겨루는, 사회적 위계와 경쟁의 주요 무대가 되고 말았다. 그러나 직장에서 공동체가 무너지면 저급한 생산품과 비윤리적인 관행만 남는다. 가르침과 배움의 공동체가 파괴되면 형편없는 교육만 초래할 뿐이다. 공동체와 창조성과 성취가 함께 간다는 사실을 이해할 때라야 비로소 우리는 학교와 직장에서 공동체를 이루어갈 수 있다.

우리는 대부분 협업이 좋은 작품을 만들어내는 최상의 방법임을 신뢰하지 않고, 실제로는 승부욕을 발동하여 경쟁할 때 좋은 성과가 나온다는 생각을 끊임없이 강요하는 제도 속에서 살고 있다. 우리는 대부분 비교를 통해 학생의 등급을 매기지 않는 것은 철저하지 못한 교육이라고 생각한다. 패자 없이 승자만 존재하는 팀 프로젝트를 신뢰하는 인간 본성에 대해서도 회의적이다.

그러나 잘 조직된 집단이 구성원 한 사람 한 사람보다 훨씬 더 우수하다는 많은 증거가 있다. 예를 들어, 각 사람에게 혼자서 해결하도록 문제를 준 다음, 서로의 문제 해결 방법을 공유하면서 합의에 이르도록 하는 시뮬레이션 게임을 생각해보자.[8] 이렇게 합의된 의견은 언제나 개인의 해결 방법보다 정답에 더 가까우며, 때로는 그 차이가 매우 크기도 하다.

이러한 근거를 진지하게 받아들인다면, 학교와 직장에서의 경쟁적인 개인주의에도 변화가 생길 것이다. 개인적인 만족뿐만 아니라 학습과 창조성, 실제적인 문제 해결의 수준도 높아질 것이다.

공동체와 교회 _____

"우리는 교회에서 공동체를 이루도록 부르심을 받았다"라는 말은 아이러니하게 들린다. 교회 자체가 공동체의 역사적 원형이어야 하기 때문이다. 그러나 교회는 영적인 동시에 인간적이기도 해서 하나님과 우리가 마음으로 품고 있는 공동체가 되지 못할 때가 있다. 그럼에도 불구하고 신앙 공동체는 여전히 참된 공동체의 삶을 살아갈 수 있는 엄청난 힘을 가지고 있다. 공동체의 역사와 상징이 바로 교회에 있으며, 리더십도 거기에 있기 때문이다.

가장 중요한 점은, 보편적 교회가 이 세상의 다양성이라는 거대한 측면을 담고 있고, 이론상으로는 우리의 차이를 초월하는 진리에 헌신함으로써 우리가 모두 함께 연합해 있다는 사실이다. 그러나 실제로 교회는 그 안에 있는 다양성을 억제하려는 우를 범할 때가 많다. 만일 교회가 근본적으로는 하나됨을 지향하면서도 부차적인 다양성을 대하는 법을 잘 배운다면, 교회는 가장 설득력 있는 공동체의 모델이 될 것이다.

기독교 전통의 핵심은 일련의 내적인 추구가 고귀함과 섬김, 사랑의 실천으로 표출된다는 데에 있다. 그리스도인이 성령 안에 거한다는 것은 내적인 삶과 외적인 삶의 교차 지점에 서 있는 것을 말한다. 바로 이 교차 지점에 공동체가 있다. 공동체는 우리가 마음으로 느끼는 상호 연대감이 잘 드러나는 곳이자, 이러한 밀고 당김의 연대가 계속해서 우리의 마음을 여는 곳이다.

교회가 공동체에 기여하는 가장 좋은 방법은 끊임 없이 예배를 드리는 것이다. 여기에서 말하는 끊임 없다는 말은 하나님의 임재를 연습한다는 의미다. 다시 말해, 공동체는 우리의 사회적 충동에 의해 유지되기 어렵고, 우리가 계속해서 삶의 모든 영역을 하나로 통합하는 영적 경험을 회복할 때에만 유지될 수 있다. 이를 퀘이커 용어로 표현하면, 공동체는 '네 안에 계신 하나님이 내 안에 계신 하나님과 일치할 때' 생겨난다. 각 사람 안에 하나님께서 거하신다는 확신은 "이런들 저런들 나쁘지 않다"는 것 이상의 의미를 지닌다. 그것은 각 사람의 삶이 본질적으로 신성하다는 사실을 받아들이는 것이다.

교회에서는 예배 시간에 침묵 성사에 시간을 더 많이 들이는 것이 좋다. 평범한 그리스도인이라면 예배 시간에 선포되는 말씀을 들을 필요가 있다. 그러나 또한 종교적 진리의 많은 부분은 말로 표현될 수 없으며, 말은 우리를 둘로 갈라놓지만 진리는 우리를 침묵 안에서 하나되게 한다는 것도 알고 있다. 세상에는 많은 예배 공동체가 있지만, 신앙 고백을 초월하는 진리의 신비 안에서 다양성을 포용하는 공동체도 분명 필요하다.

물론 신비주의의 침묵 속에는 언제나 위험이 도사리고 있다. 우리가 묵상에서 발견할 수 있는 신비로운 연합의 경험은 인간 세계에서 잘 일어나지 않기에, 영적 연합을 추구하는 사람들은 불완전한 삶에서 도피하고 싶은 유혹을 받을 수 있다. 또는 묵상이 하나님께서 우리를 평안하게 하시거나 또는 뒤흔들기도 하시는 통로일 뿐이라는 사실을 잊고, 묵상 그 자체를 예배하고자 하는 유혹을 받기도 한다. 침묵의 삶을 완성하고자 인간관계의 온갖 번잡한 것들을 버린다면, 현실의 삶은 물론이거니와 공동체를 세우는 일도 불가능하다.

우리에게 필요한 것은 단지 자신의 신성한 공간에 서서 무언가를 찾고자 하는 개인적인 기도가 아니다. 우리에게는 모두 함께 설 수 있는 공간을 이루려고 하는 공동의 실천이 필요하다. 예배를 드릴 때 우리는 하나님께서 그분의 백성인 우리를 하나로 묶기 원하신다는 사실을 알아야 한다. 또한, 우리 자신의 진리를 다른 사람이 받은 진리에 견주어 점검하면서 말과 침묵을 통해 서로를 경청할 필요가 있음을 알아야 한다. 우리는 하나님이 홀로 서 있는 나를 통해 일하실 때보다, 함께 서 있는 우리를 통해 일하실 때 더욱 위대한 진리를 행하신다는 것을 알아야 한다.

그리스도인들은 이 시대의 종교적 개인주의를 따르기를 거부함으로써 공동체에 기여할 수 있다. 새로운 영성 운동의 이면에는 '모든 진리란 주관적이다. 너를 위한 진리가 있고, 나를 위한 진리가 있으니, 그 차이는 신경 쓰지 말라'는 생각이 자리 잡고 있다. 그러나 진리를 이런 식으로 이해하면 우리가 받은 진리는 우리 자신과 이 사회를 전혀 변화시킬 수 없다. 공동체를 인정한다면, 우리는 진리에 대한 우리의 생각이 타인에게 주어진 빛에 의해 다르게 보이거나 심지어 이상하게 보이는 위험도 감수해야 한다.

참된 공동체가 꽃을 피우려면 공동체를 이루는 개인도 반드시 피어나야 한다. 따라서 교회가 공동의 진리를 추구할 때는 개인에게 주어지는 통찰에도 주목해야 한다. 우리가 모두 함께 진리를 추구할 때는 개인을 힘으로 누르려고 하거나 동의를 강요해서는 안 된다. 투표에 졌다는 이유로 안 좋은 마음을 품은 소수가 되도록 내버려두어서도 안 된다. 그리스도인들은 종교적 권위주의와 영적 주관주의 사이에 난 길을 걸어감으로써 공동체에 기여할 수 있다. 교회가 공동의 진리를 점검하고자 할 때는 고독한 심령에 담긴 하나님의 말씀을, 교회 전체가 듣기에 지나치게 급진적일 수 있는 말씀을 항상 존중해야 한다.

역사적으로 보면 진리는 그리스도인들을 살아 있는 권력

에 대항하여 목소리를 내는 힘든 장소로 인도해가곤 했다. 그리고 바로 그곳에서 살아 있는 공동체를 경험할 수 있었다. 밀드레드 빈스 영(Mildred Binns Young)은 1세대 퀘이커 교도의 공동생활에 대한 글을 썼다. 그들은 자신들 안에 거하는 그리스도의 빛을 따라 살고자 거듭된 고난을 자초하던 사람들이다. 밀드레드 빈스 영은 퀘이커 교도들이 "거의 전멸될 뻔했던 박해" 아래에서 "이전에 결코 경험하지 못했던 방식으로 사람들을 그들에게 이끌었다"는 사실에 대해 기록하고 있다.[9]

그 사람들은 공동체 생활을 이루기 위해 그럴싸해 보이는 체계를 만들 필요가 없었다. 대신에 "그들에게 꼭 필요한 것이 계속해서 그들을 한데 묶어주었다." 그 필요란 감옥에 갇힌 공동체 구성원과 갈 데 없는 그들의 아이들을 돌보아야 할 필요였으며, 세금 징수자들이 가축과 살림살이를 거의 다 몰수한 이후 남아 있는 일부 물건을 공유해야 할 필요였고, 불의한 일들이 조금이나마 줄어들도록 관계 부처에 청원해야 할 필요였다. 밀드레드 빈스 영은 "그러므로 친구들의 모임은 공동체주의에 관한 이론이 전혀 없어도 실제로는 그와 비슷한 것을 이미 가지고 있었다"라고 기록했다.[10]

이론은 단서를 제공할 뿐이다. 공동체는 신실한 삶에서 나온다. 그리스도인들이 가정과 이웃, 학교와 직장, 사회와 국가에서 공동체를 이루기 위해 신실하게 산다면, 인간적인 동시에 신성한 공동체를 창조해갈 수 있다. 우리 시대에 이보다 더 시급한 과제는 없다.

제5장

결핍의 세상, 풍요의 복음

풍요와 결핍은 우리 시대의 정치적, 경제적 문제에서 매우 중요한 개념이다. 세상은 '가진 자'와 '못 가진 자'로, 먹을 것이 넘치고 안락한 거주 공간이 있는 자들과 생존에 필요한 최소한의 것도 갖지 못한 자들로 나뉘어 있다. 천연자원은 계속해서 줄어들고 빈부격차를 좁힐 수 있는 과학기술의 능력에 대한 비관주의가 거세짐에 따라, '가진 자들'마저도 두려움을 느끼기 시작했다. 이런 두려움으로 인해 우리는 예전보다 훨씬 더 많이 소비하고 쌓아놓게 되었고, 그 결과 전 세계에 불의가 더욱 심해지고 있다.

여기까지는 널리 알려진 사실이다. 그러나 풍요와 결핍이 영적 삶의 근본 개념이라는 사실을 사람들은 잘 모른다. 우리는 영적 상태와 정치적, 경제적 사회 문제에 반응하는 능력이 긴밀하게 연결되어 있음을 잘 이야기하지 않는다. 우리가 가진 생각의 질은 우리의 삶을 결정한다. 그 생각에 따

라 우리의 삶은 보잘것없거나 협소하거나 두려움에 사로잡
힐 수 있고, 개방적이며 지경이 넓어지고 자유로울 수도 있
다. 우리의 내적 삶이 결핍과 탐욕에 사로잡혀 있다면 우리
는 이 땅의 재물을 정의롭고 자비롭게 나누며 살지 못할 것
이다.

이 장은 세상이 말하는 결핍의 논리와 하나님의 풍요의
약속을 다루고 있다. 이제 나는 결핍과 풍요를 영적인 눈으
로 바라보고자 한다. 또한 삶을 무너트리는 결핍의 습관에
서 삶을 긍정하는 풍요의 본능으로 향하도록 우리 자신과
서로를 도울 수 있는 세 가지 길을 제안하려고 한다. 그 길
은 교육과 공동체와 기도라는 길이다.

결핍을 전제하는 삶 _____

우리 삶은 생각보다 훨씬 더 많은 규칙의 지배를 받는다.
이는 시민사회의 규칙이 아니라, 우리가 삶에 대해 가지고
있는 가정(假定)에서 나오는 규칙이다. 우리는 모두 삶에 대
한 나름의 전제들, 즉 "사물은 어떻게 그러한지"와 그에 대

해 우리가 기대하는 바는 무엇인지에 대한 신념을 가지고 있다. 우리의 태도와 행동은 이러한 신념에 의해 형성되는 것임에도, 우리가 이런 신념을 깊이 들여다보는 경우는 거의 없다. 그 신념을 인식한다고 해도 그 신념은 현실을 있는 그대로 반영한 것이라고 생각하기 때문이다.

만일 우리가 삶을 정글이라고 생각하면, 정말로 그렇게 보일 가능성이 크다. 실제로 삶이 정글이라서가 아니라 그런 전제로 인해 우리가 주변을 정글로 만들기 때문이다. 편집증에 사로잡힌 사람은 자기 상상 속에 존재하는 적을 만들어낸다. 이런 예언이 이루어지는 이유는 불가피해서가 아니라, 마치 그게 사실인 것처럼 행동함으로써 그 예언에 생명을 불어넣기 때문이다.

결핍과 풍요도 마찬가지다. 기본적인 생활을 영위하기 위한 물건이 충분한가 충분하지 않은가는 당신이 어떻게 생각하는가에 달려 있다. 당신은 삶에 꼭 필요한 것이 무엇이라고 생각하는가? 다이아몬드가 꼭 필요하다고 생각한다면 그것을 충분히 갖고 있지 않을 경우, 결핍을 느낄 것이다. 당신은 필요한 것을 어디에서 얻고 있다고 생각하는가? 생활에 필요한 모든 재화를 반드시 다른 사람들과의 현금 거래를 통해서 얻어야 한다고 생각한다면, 시장과 관계없는 풍요로움은 찾기 어렵다.

사람들은 결핍을 삶의 당연한 사실로 여기는 듯하다. 그게 아니라면 우리 사회에 만연한 획득하고, 소비하고, 비축하려는 강박증을 달리 어떻게 설명할 수 있겠는가. 우리는 '돈이 떨어지지는 않을까?', '양식이 부족하지는 않을까?', '집을 살 수는 있을까?' 하는 온갖 미래에 대한 두려움에 사로잡혀 있다. 그리고 우리가 이런 두려움에 따라 행동할 때 그 전제는 현실이 된다. 즉, 필요보다 더 많이 소비하고, 미래에 대한 두려움 때문에 더 많이 쌓아두면, 재고는 줄어들고 가격은 상승하며 유통되는 것은 사라지고 말 것이다.

물론 이와 같은 자기 성취적 예언의 희생자는 자신의 경제적 두려움을 해소할 자본이 부족한 '못 가진 자들'이다. 그들에게 결핍은 단순한 가정이 아니라 힘들고 잔인한 삶의 현실이다. 그러나 그런 현실은 이른바 선택할 힘을 가진 자들이 만들어냈다. 그들은 결핍을 가정하여 가능한 모든 것을 손에 넣는 선택을 할 수도 있고, 풍요를 가정하여 그것을 창조하고 공유하는 삶의 방식을 선택할 수도 있는 사람들이다. 부유하고 교육을 많이 받은 사람이 어떤 가정을 선택하는가 하는 문제는 학문적 연습이나 정신적 훈련이 아니다. 우리는 이 두 선택지 사이에서 균형을 잡아야 한다.

풍요의 현실 _____

우리가 자연을 마주할 때, 창조의 순간부터 값없이 주어진 자연을 바라볼 때, 우리는 그 풍요로움에 감동하지 않을 수 없다. 적절하게 다루기만 하면 자연은 스스로 재생하고 보충할 수 있는 무한한 힘을 가지고 있다. 씨앗은 비옥한 땅에서 싹을 틔우고, 동물은 빠른 속도로 번식하며, 흙은 동식물의 죽음에 의해 다시 살아난다. 지구는 상상 이상으로 비옥하다. 자연이 만들어 공급할 수 없는 것은 인간의 기술로 만들어낼 수 있고, 우리는 우리의 모든 필요를 충족하기 위해 혼합물과 화합물과 파생물을 만들어낼 수 있다. 땅을 오용하고 우리의 기술을 활용하여 행하는 모든 잘못을 잠시 미루어두고, 자연의 풍요로움과 인간의 창조성의 올바른 면에 관해서만 이야기해보자.

그러한 풍요로움 속에서 우리는 어떻게 결핍을 가정하는

삶을 설명할 수 있을까? 인간의 기본 욕구를 충족해주는 충분한 은혜에 둘러싸인 우리가 어떻게 공급의 부족에 직면하게 되었을까?

한 가지 답은, 우리 자아와 우리를 둘러싼 문화의 변덕스러움에 따라 대상을 과대평가하는 경향에 있다. 행복을 소유의 능력에 달려 있다고 보고 그것의 중요성을 과장할 때, 수많은 사람이 동시에 같은 것을 갖고자 집착할 때, 또는 공급이 크게 줄거나 대부분의 사람이 손에 넣지 못할 정도로 가격이 치솟을 때, 그때 결핍이 발생한다.

또 다른 답은 공급원을 임의로 제한하려는 관습에 있다. 식량은 검은 흙이 있는 곳이라면 어디서든 자랄 수 있다. 그러나 땅의 대부분을 잔디밭으로 만들거나 쇼핑몰과 주차장으로 덮어버릴 때, 농업은 축소되고 농산물은 부족해진다. 이것은 자연이 더 많은 것을 주지 않아서가 아니라, 우리가 자연이 주는 선물을 거부하기로 선택했기 때문이다.

인간이라는 동물은 물질적인 풍요로움을 결핍으로 바꿀 뿐만 아니라, 성령의 한없는 선물에 대해서도 그와 같이 행하는 놀라운 존재다! 다이아몬드를 과대평가하거나 토마토를 충분히 공급하지 않는 일은 분명 문제다. 그러나 사랑과 애정, 신뢰를 결핍된 것처럼 생각하는 것도 문제다. 우리 중 얼마나 많은 사람이 실제로 그렇게 행동하고 있는지 아는가? 우리는 인간관계에서 마치 사랑의 재고가 정해져 있는 것처럼, 다른 사람들이 그것을 너무 많이 가지면 나에게는 별로 남는 것이 없는 것처럼 행동하고 있지는 않은가? 지금부터 말하려고 하는 것은 인간의 모든 시기와 질투의 근거, 즉 '성령의 재화'가 모든 사람에게 돌아갈 만큼 충분하지 않다고 여기는 본능에 대한 것이다.

즐거움 같은 인간의 선한 면을 생각해보자. 즐거움을 누리는 방법은 수없이 많다. 단지 우리의 상상력이 그 방법을 제한할 뿐이다. 얼마나 많은 사람이 진짜로 재미있게 놀 돈이 부족하다고, 우리가 쓴 돈을 다 합해도 '행복이라는 상품'을 사기에는 충분하지 않다고 생각하며 주말과 여름을 보내는가. 우리는 즐거움을 생산하는 능력을 스포츠와 유흥 시설, 여행사의 손에 맡김으로써 재미의 공급을 제한하고 있다. 우리는 스스로 초조하고 빈곤한 소비자가 되어 승인된 자원을 구매하려고 하지만, 이를 구매할 만한 현금이나 만족은 없다. 풍요로움을 결핍으로 둔갑시켜버린 것이다.

또 다른 무형의 재화인 교육을 생각해보자. 교육은 분명 장소나 환경에 구애받지 않고 누구나 생각해낼 수 있는 재료로 실현 가능한, 인간 정신의 무한한 모험이다. 가르치고 배우는 데 한계가 있는가? 그렇지 않다. 그런데 왜 우리는 교육에 경계를 긋고, 그것을 '학교'라고 부르며, 학교를 씁쓸한 경쟁의 공간으로 만들었는가? 왜 우리는 무한한 인간의 경험을 결핍된 것으로 만들어 사람의 자존감과 인생길이 학교에서 얼마나 더 많이, 혹은 덜 배웠는지에 따라 결정되도록 만들었는가?

결핍의 역학 _____

정말로 왜 그렇게 되었을까? 이런 질문을 탐구할수록 더 복잡해질 뿐이다. 우리를 고통스럽게 하는 수많은 결핍은 인간이 자초한 일이다. 또한 그것은 결국 우리에게 슬픔을 안겨줄 뿐이다. 이런 사실을 인식하면, 왜 우리가 일부러 더 적은 쪽을, 즉 결핍을 선택하려고 애쓰는지 도저히 이해할 수 없다.

풍요를 누리고 교육을 잘 받은 우리는 이러한 결핍 게임이 탐욕의 정치와 경제 때문이라고 비난하기 쉽다. 물론 탐욕이 작용하는 것도 사실이다. 만일 당신이 사람들에게 무언가가 필요하다고 주장하면서 그것을 제한하고 관리할 수 있다면, 당신은 권력과 부를 얻게 될 것이다. 권력과 부는 어느 하나를 얻게 되면 나머지 하나는 뒤따라온다. 그러므로 어떤 사람들은 자신의 이익을 위해 존재하지도 않는 결핍을 만들어낸다. 이러한 자기 이익의 추구는 인간의 모든 행동을 설명해준다.

그러나 어떤 사람들이 자기만의 이익을 추구한다고 해서 나머지 사람들이 그들이 꾸며낸 결핍에 굴복할 필요는 없다. 어떤 사람들이 결핍을 조장해서 권력과 부를 얻고자 한다고 해서 우리가 왜 그런 환상을 받아들여야 하는가. 결핍의 왕이 옷을 입지 않은 채로 거리를 활보하고 다니는데 왜 "벌거벗은 임금님!"이라고 외치지 못하겠는가!

이 질문에 대한 답은 영성의 가장 깊은 차원과 관계가 있다. 선택할 힘을 가진 사람들에게 다시 한 번 말한다. 결핍의 환상에 우리 삶을 바치는 일은 단순히 정치와 경제적인 차원을 뛰어넘는 일이다. 그것은 근본적으로 우리의 정체성과 관련이 있다. 우리는 대부분 우리의 정체성을 다른 사람들과 공통된 점에서 찾지 않고 그들과 다른 점에서 찾으려고 한다. 당신과 내가 공통으로 가지고 있는 것이 아니라, 당신에게 없지만 내가 갖고 있는 것과 나에게는 없지만 당신에게 있는 것으로 나 자신을 규정한다. 나는 우리를 구별짓는 결핍과 관련지어 나 자신을 정의한다.

우리 안의 깊숙한 곳에서 우리는 공통성을 두려워한다. 우리는 특별하고, 구별되며, 개성 있는 사람이기를 원한다. 우리는 다른 사람들과 비슷한 모습은 거의 알아채지 못하면서 다른 점들, 그러니까 외모나 교육 수준, 사회적 지위, 부유함의 정도에서 다른 면을 뚜렷하게 인식한다. 따라서 다른 사람을 만나면 바로 차별화의 증거를 찾으려고 한다. 직업이 무엇인지, 어느 학교를 졸업했는지 묻는 질문 너머에는 저울질하고 재려는 마음이 감추어져 있고, 누가 더 많이 혹은 덜 가졌는지에 대한 평가가 숨어 있으며, 서로의 차이점을 찾으려는 경향이 잠재되어 있다.

우리는 왜 대중과 구별되고 싶어 하고, 남들과 달라지고 싶어 할까? 아마도 똑같다는 것은 인류라는 바다에 빠져 죽는 것과 같다고 생각하는 듯하다. 우리는 마치 그것이 우리의 생명을 구해주기라도 하는 것처럼 수면 위로 머리를 내

밀기 위해, 공동체에서 '눈에 띄기' 위해 애를 쓴다. 수영을 할 줄 아는 사람이라면 누구나 알고 있듯이 수영을 잘하는 비결은 물속에서 긴장하거나 물을 거스르지 않고, 몸을 떠받쳐주는 물의 부력에 몸을 맡기는 것이다. 그러나 우리는 우리의 차별성이 죽어버리지는 않을까 하는 두려운 마음에 우리를 떠받치고 있는 공통의 인간성 위로 떠오르고자 애쓰며 살아간다.

신학적인 용어로 말하면 우상 숭배의 문제를 이야기하는 것이다. 우리가 희귀한 재화를 소유함으로써 우리의 정체성을 찾고자 한다면 그런 재화를 우상으로 받드는 셈이 된다. 우리는 이 신들에게 우리를 행복하게 하거나 불행하게 만들 힘을 부과한다. 가치 있는 것과 없는 것, 더 좋은 것과 나쁜 것을 구분하며 사람들을 차별할 능력을 주는 것이다. 소수의 사람만이 소유할 수 있는 물건에 자신의 정체성을 부여함으로써 모든 인간의 생명에 담긴 고귀함을 무시한다. 그보다 더 나쁜 것은 어떤 사람들에게는 지나친 자존심을 부리면서 다른 사람들은 전혀 가치가 없다고 인식하도록 하는 사회 구조를 우리가 유지하고 있다는 사실이다.

풍요의 복음 _____

　비교적 풍요로운 사람들에게 결핍과 풍요는 삶의 외부 조건이 아니라 영적 근거를 가진 문제임이 분명하다. 물질이든 아니든 간에 세상의 자원에 집착하면 우리는 외적 결핍을 만들어낸다. 그러나 그런 결핍에는 우리의 내적 상태가 반영된다. 그런 자원에 집착함으로써 두려움을 잠재우고 어떻게든 의미를 만들어내려고 애쓰는 것이다. 당연하게도 우리가 집착하면 할수록 의미는 더욱 희박해지고 결국에는 두려움에 사로잡히고 만다. 얼마나 소유하고 있는지 상관없이 우리는 항상 더 많은 것을 '움켜잡고자' 한다.

　우리 삶에 나타나는 이런 집착과는 반대로 모든 위대한 종교적 전통의 핵심에는 '내려놓음'이 있다. 선불교에서는 계속해서 자기 그릇을 비우고, 우리의 마음이 어떤 생각이나 경험, 욕구나 형상에 집착하지 않도록 수련한다. 동양의 모든 명상 훈련의 열쇠는 실재와 진리의 능력 안에 머물기 위해 나의 의지에서 힘을 빼고 풀어주어 모든 거짓된 안전장치들을 내려놓는 것이다.

　이와 똑같은 길을 기독교의 핵심에서도 볼 수 있다. 복음은 우리에게 하나님의 풍요로움을 신뢰하고 결핍을 두려워하는 삶을 넘어서라고 끊임없이 가르친다. 예수님은 "들의 백합화가 어떻게 자라는가 생각하여 보라"고 말씀하신다.

"… 백합화를 생각하여 보라 실도 만들지 않고 짜지도 아니하느니라 그러나 내가 너희에게 말하노니 솔로몬의 모든 영광으로도 입은 것이 이 꽃 하나만큼 훌륭하지 못하였느니라 오늘 있다가 내일 아궁이에 던져지는 들풀도 하나님이 이렇게 입히시거든 하물며 너희일까보냐 믿음이 작은 자들아 너희는 무엇을 먹을까 무엇을 마실까 하여 구하지 말며 근심하지도 말라 이 모든 것은 세상 백성들이 구하는 것이라 너희 아버지께서는 이런 것이 너희에게 있어야 할 것을 아시느니라 다만 너희는 그의 나라를 구하라 그리하면 이런 것들을 너희에게 더하시리라"(눅 12:27-31).

내려놓음의 중심에는 믿음과 신뢰가 있다. 만일 하나님의 "너희에게 있어야 할 것을 아신다"라는 말씀을 신뢰하지 못한다면 우리는 생필품은 물론 사치품까지도 손에 쥐어야 할 것이다. 하나님께서 우리에게 필요한 것을 공급하신다는 믿음 없이는 불확실한 미래를 준비하기 위해 쌓아놓을 수밖에 없다. 그러나 세상은 이러한 신뢰를 어리석은 삶이라고 말하는 사례로 가득하다. 그런데도 하나님이 우리의 필요를 채워주신다고 신뢰할 수 있는 근거는 무엇인가? 그보다는 끊임없이 의심하고, 무엇도 당연하게 여기지 않으며, 미래를 위해 비축하고, 우리에게 주어진 몫보다 더 많이 소유하기 위해 경쟁하는 삶이 더 낫지 않은가. 소수의 사람이라도 이런 방식으로 사는 한 그들은 신뢰 자체를 신뢰할 수 없는 것으로 여기는 분위기를 만들어낸다.

이처럼 자기 성취를 갈망하고 물질적 안위를 꿈꾸는 상황은 하나님의 섭리일지도 모른다. 안전을 돈으로 살 수 있다고 여기다가 "좀과 녹이 망가뜨리는" 상실을 경험할 때에야 비로소 회심의 기회가 찾아오기 때문이다. 우리는 하나님만이 채우실 수 있는 욕구의 동굴에 돈이나 지위나 물질적인 만족을 채워 넣으려는 우리의 노력이 깨질 때라야 비로소 결핍과 풍요의 역설을 배우게 된다.

이 역설은 무엇을 말하는가? 간단히 말해 "자기 목숨을 얻는 자는 잃을 것이요 … 자기 목숨을 잃는 자는 얻으리라"라는 말씀이다. 참된 풍요는 부를 취하려는 자에게 오지 않고, 충분하고도 남을 만큼을 창조하는 방식으로 결핍을 공유하는 사람들에게 찾아온다. 나눌 수 있는 만큼보다 더 많이 소유하려는 사람들의 삶은 각박해지고 두려움에 휩싸이고 만다. 그들은 모든 것이 언젠가는 사라질 것이라는 두려움 때문에 더 많이 소유해야겠다는 불안함만 느낄 뿐이다. 그러나 참된 풍요는 쌓아놓는 데 있지 않고 공동체 안에서 찾을 수 있다는 사실을 깨달아 형제자매를 섬기는 사람들은 풍성한 삶을 발견하게 된다. 그들은 다른 사람들을 위해 거기에 있기에, 다른 사람들 또한 그들을 위해 거기에 있다고 믿는다.

단언컨대 이는 회심의 문제, 말 그대로 '돌아서는' 일이다. 이는 세상의 결핍 논리를 가져와 그것을 뒤집어엎는 일이기 때문이다. 움켜잡으면 없어지고 내려놓으면 풍성해진다. 하나님이 결핍을 두려워하는 우리에게 바라시는 것은 탐욕으로 가득한 자본주의가 아니라, 우리가 추구하는 정체성과 안위를 결코 돈으로는 살 수 없다는 영적 통찰이다. 우리 정체성과 안위는 모든 것을 내려놓고 하나님의 은혜 가운데 살아갈 때만 우리에게 찾아온다. 이것은 결핍이 환상이 아니라 생과 사의 문제라고 여기는 사람들과 연대하며 살아가는 것을 의미한다.

필요 이상으로 가진 우리가 이런 연대의 관계를 맺게 되면, 물질적인 결핍을 안고 살아가는 사람들이 영적 풍요로움에 대해 우리보다 더 잘 이해하고 있음을 알게 될 것이다. 쓸 것이 늘 부족하여 믿음으로 이 세상을 넘어서야 했던 사람들이 우리를 영적 여정으로 안내하는 자들이 된다. 예수께서 가장 가까이하신 사람들이 바로 이들이었다. 꼬리였다가 복음을 힘입어 머리가 된 자들 말이다. 결핍과 풍요의 역설은 이들의 삶을 통해 들을 귀와 볼 눈을 가진 모든 사람에게 분명하게 드러난다.

교육의 길 _____

우리는 어떻게 해야 자기 성취를 위한 결핍의 예언을 넘어 풍요를 함께 나누는 세상으로 나아갈 수 있을까? 나는 먼저 교육이라고 불리는 길에 대해 이야기하고자 한다.

인간 본성의 풍부한 자질인 지성(intelligence)을 길러야 할 교육이 우리 사회에서 결핍의 엔진이 되었다는 사실은 아이러니하다. 오늘날 학교의 일차적인 기능은 누구나 탐내는 직업이나 부, 권력을 얻을 가능성과 물질적, 비물질적 보상을 얻을 권한을 누구에게는 많이 주고 누구에게는 적게 주는 자격증을 발급하는 일이 되고 말았다. 이러한 사회적 기능을 지원하는 교육 과정은 부족한 자원을 놓고 다투는 경쟁으로 전락했다.

50명의 학생으로 이루어진 학급에서 교사는 학기 말에 50명 모두에게 A 학점을 줄 수 있어야 한다. 실상, 그렇게 되어야 잘 가르쳤다고 말할 수 있지 않은가! 그러나 성적 부풀리기로 A에 큰 의미가 없는 곳이 아니라면 이런 일은 거의 벌어지지 않는다. 그 대신 우리는 A를 가장 적게 주고, B를 그보다는 조금 더 많이, C를 가장 많이 주고, 그보다 못한 소수의 학생에게는 D와 F를 주는, '상대평가'라는 불합리한 제도를 따르고 있다. 그러나 이해를 위한 잠재력보다 더 풍성한 것이 있을까? 충분한 능력을 가지고 있으면서도 부족하다고 여기고 서로 경쟁하게 하는 것보다 터무니없고 비극적인 제도가 또 있을까? 풍요로움으로 결핍을 만들어내는 우리의 모습을 이보다 더 잘 보여주는 곳은 없다. 우리는 경쟁이 누가 무엇을 가질지 정하는 최선의 방법이라고 믿어버려서 경쟁이 승자에게는 풍요를 선사하고 패자에게는 결핍을 가져다준다는 사실을 아무렇지도 않게 여긴다.

물론 우리는 학교를 통해 마치 노련한 외과 의사처럼 역량 있는 사람이 나오기를 원한다. 그러나 탁월한 능력을 보이는 소수의 학생에게만 상을 주고, 그보다 못한 학생에게는 벌을 내리며, 마치 경쟁하지 않으면 돌팔이 의사가 나올 것처럼 걱정하는 이유는 무엇인가? 이것은 우리가 역량을 공급 부족이라고 생각하고 소수의 학생만이 그것에 도달할 수 있다고 확신하기 때문이다.

이러한 확신의 결과는 부정행위를 생존 전략으로 삼는 의대생과 환자를 착취하면서도 기대 수준에 한참 못 미치는 의료 산업으로 나타난다. 결핍의 예언은 의사의 공급 부족(특히 시장성이 떨어지는 분야)과 값비싼 의료비, 환자의 건강을 위해 협력하는 방법을 모르는 의료 전문가라는 결과로 나타났다. 풍요로운 공중 보건을 창조하는 방식으로 의사를 교육할 수 있는데도, 우리는 우리 모두를 위축시키는 경쟁과 결핍의 관습에 따라 그들을 훈련하고 있다.

가르치는 이의 참된 소명은 풍요의 산파가 되는 것이다. 교육(education)의 고전적인 정의—라틴어 educare는 '끌어

내다'를 의미함—에 우리에게 필요한 이미지가 담겨 있다. 교육이 다루는 자원은 이미 각 사람 안에 들어 있고, 그 자원은 누군가 끌어내주기를 기다리고 있기 때문이다.

다시 한번 강조하지만, 무언가에 대한 가정(假定)은 참으로 중요한데, 교육의 경우 인간 본성에 대한 우리의 가정이 그러하다. 나는 각 사람에게 이미 교육을 통해 길러내고자 하는 모든 잠재적 능력, 즉 통찰하는 힘과 관찰하고 분석하는 능력, 인식하는 능력, 창조적인 능력이 있다고 생각한다. 교육은 이러한 잠재력을 끌어내기 위해 충분한 신뢰와 자기확신을 만드는 일이다. 그러나 기존 교육은 사람들이 이런 잠재력을 가지고 있지 않다고 가정하거나, 외부에서 공급받아야 한다고 가정하기도 하고, 인간 본성은 잠재력을 실현하는 일을 강하게 거부하기 때문에 강제로라도 그렇게 해야 한다고 가정하는 것처럼 보인다. 한 연구에 따르면, 학업 능력이 정상 범위 안에 있는 학생을 교사가 부진하다고 생각하면 그 학생은 형편없는 행동을 하는 반면, 학업 능력이 부진한 학생을 교사가 똑똑하다고 생각하고 대하면 그 학생은 학교생활을 잘하게 된다고 한다. 자, 우리는 결핍과 풍요 중에서 무엇을 선택할 것인가?

지적 능력의 일부에 불과한 인지적 합리성에 집착하는 관행은 교육이 결핍에서 풍요로 나아가는 길을 어렵게 만든다. 학교는 이 한 가지 차원을 기준으로 학생의 등급을 매김으로써 경쟁적인 제로섬 게임을 만들어내고 결핍에 대한 생각을 강화하여 참된 배움에 매우 좋지 않은 영향을 미친다. 그러나 어떤 학생은 논리적인 사고에 따라, 또 어떤 학생은 직관적으로, 또 다른 학생은 직접 손으로 만질 때 가장 잘 배운다. 어떤 사람은 기호와 상징을 통해 삶을 경험하고, 어떤 사람은 색깔과 질감과 형태를 인식하는 재능이 뛰어나다. 어떤 이는 묵상을 통해 배우고, 또 어떤 이는 행동과 참여를 통해 배운다. 왜 우리는 사람들이 배우고 알아가는 다양한 방식을 이해하고 계발하려고 하지 않는가? 학교는 왜 이러한 인간 지성의 놀라운 풍요로움을 길러주고 기뻐하며 사용하는 곳으로 바뀌지 못하는가?

　　이러한 변화는 부족한 자원을 얻기 위해 벌이는 경쟁에서 등 돌리고, 교육의 풍요로움을 향해 기꺼이 걸어가는 한 명의 교사에게서 시작될 수 있다. 그러나 그 바탕에는 풍요로움을 발견할 수 있다는 신뢰가 있어야 하며, 신뢰에는 언제나 위험이 따르기 마련이다.

이러한 위험은, 교사는 지시하는 위치에 있고, 오직 교사만이 부족한 정보를 가르칠 수 있다고 전제하는 전통적인 교육 방식에서 비롯된다. 풍요로움을 가르치는 교육은 학생들이 교실에 들어올 때 그들의 지식도 함께 가져온다고 전제한다. 따라서 교사는 학생들과 가르치는 권한을 나눠 갖게 되어 어느 정도의 통제권을 잃기도 한다. 때로는 학급이 교사를 가르칠 수도 있다. 이런 경우, 학생의 정체성을 가로챔으로써 자기 정체성을 확보하는 데 익숙해진 교사들은 자기 정체성을 유지하는 데 어려움을 느낀다.

풍요로움을 가르치는 일은 학생들의 저항을 감수해야 한다. 교사는 특히 이 문제로 어려움을 겪는데, 그들이 가르침의 방식을 변경한 이유는 바로 '학생들을 위한' 일이기 때문이다. 전통적인 교육은 학생들을 예속하지만, 그들을 편안하고 보호받는 존재로 여긴다. 그래서 그들은 알고 있거나 느끼는 바를 굳이 드러낼 필요 없이, 그저 교사가 나누어주는 것을 수동적으로 흡수하기만 하면 된다. 이와 달리 풍요를 가르치면 학생은 자신을 드러내고, 상처를 입을 수도 있으며, 다른 사람에게 반응한다. 바로 이 때문에 학생들은 화를 내고 저항할 수 있다.

교사가 풍요를 가르치고자 할 때 이들에 대한 동료 교사의 반응도 위험 요소가 된다. 교육을 부족한 자원을 얻기 위한 경쟁으로 생각하는 데 익숙한 교사들은 의심과 불신의 반응을 보이기 쉽다. '비어 있는 머리'에 '내용과 지식'을 집어넣는 '훈련'을 저버리는 교사들은 게으르거나 무능하다는 비판을 받는다. 학생이 교사가 되고, 교사가 학생이 되는 교수 방법은 종종 '자유 토론'(rap sessions) 때나 가능한 일이라고 비웃음을 당한다. 이러한 실험적인 교수법은 전통적인 교수법보다 정교하지 않을 수 있다. 이러한 실험적인 교수법은 사용해본 경험이 별로 없고, 학생과 교사가 모두 기존의 공고한 관습과 전통을 거스른다는 점에서 전통 교수법보다 정교하지 않을 수 있다. 그러나 이런 실수를 기꺼이 감수하는 모험을 할 때라야 인간 지성의 풍요로움을 꽃피우는 가르침과 배움의 방식을 길러낼 수 있다.

이 모든 것은 가장 높은 수준의 교육은 본질적으로는 영적 사역임을 일깨워준다. 교육은 삶의 심오한 질문을 다루고, 신뢰가 필요한 모험을 필요로 하며, 개인과 집단의 가장 내밀한 자원을 끌어낼 수 있다. 영적 여정은 우리의 근원적인 필요에 응답하는 풍요로움으로 우리를 데려간다. 지적 능력과 그에 따른 보상이 부족하다는 생각을 버리고, 교육이 풍요로울 뿐만 아니라 모든 이에게 열려 있다는 사실을 받아들이면, 교육은 이러한 영적 여정의 일부가 된다.

공동체의 길 _____

여기에서 교육에 대해 다룬 내용은 대부분 교육이 풍요를 향해 가는 길이 되려면 더 공동체적이고, 덜 개인주의적이며, 덜 경쟁적이어야 한다는 점을 전제로 한다. 그러나 공동체는 교육에서 따로 떼어 별도로 다룰 만한 의미가 있다. 공동체는 학교에서뿐만 아니라 가정과 지역, 직장, 그리고 시민사회 전반에서 이루어갈 수 있기 때문이다. 또한 공동체는 교육과 마찬가지로 본질적으로 영적인 문제이다.

어떤 관점에서 보면, 공동체는 앞으로의 생존을 위해 필요하며, 우리 개인의 삶이 허용하는 것보다 더 많은 재화와 서비스를 공유하기 위한 수단이라고 할 수 있다. 만일 어떤 업체에서 큰 무리 없이 열 가구의 정원을 관리한다면, 그 지역에 사는 사람들이 집집마다 잔디 깎는 기계를 사야 할 필요가 있겠는가. 어떤 도시에서는 이와 같은 이유로 식품 협동조합이 큰 호응을 얻기도 한다. 여러 가정이 식자재를 대량으로 공동 구매하여 비용을 절감할 수 있다면, 각 가정이 따로 마트에 갈 필요는 없을 것이다. 이처럼 공동체는 자원을 최대한 공유하여 제한된 자원으로 풍요를 쥐어짜는 방식이다.

그러나 이와 같은 실제적인 이유만으로 공동체를 이루기는 어렵다. 너무나도 강한 자기중심주의와 뿌리 깊은 개인주의 성향은 공동체를 통한 상호 약속을 어렵게 만든다. 공동체가 유지되려면 더 깊은 차원에서, 즉 영적 차원에서 서로 모이는 일이 필요하다. 우리가 하나님의 풍성한 사랑을 공유함으로써 함께한다면, 때때로 우리의 사랑이 부족할지라도 우리는 공동체로서 함께할 수 있다.

이러한 유대는 우리 중 가장 보잘것없는 자, 즉 굶주리고, 헐벗었으며, 거할 곳이 없는 자들과 하나님의 사랑을 나누고자 하는 마음으로 공동체를 이룰 때 더욱 강해진다. 공동체는 우리를 향하신 하나님의 사랑이 흘러넘치는 풍요로움의 표현이다. 공동체는 풍요로움을 움직이는 엔진과도 같아서, 이러한 풍요로움은 각자의 소유를 모으면 그 전체가 부분의 합보다 크다는 사실을 발견할 때 찾아온다. 우리는 공동체 안에서 서로 사랑과 신뢰와 존중을 보일 때, 그것이 커지는 것을 배우게 된다. 나아가, 공동체 안에서 우리는 모든 사람이 그러한 존중을 받을 가치가 있음을 배운다.

이러한 배움은 전문적인 분업의 현장보다 일상에서 서로 관계를 맺을 때 더욱 빛이 난다. 의도적으로 만들어진 공동체가 제대로 작동하려면 많은 조건이 필요하다. 식사를 준비하고 설거지를 해야 하며, 위기를 돌파하기 위해 어떤 결정을 내리고, 돈을 모아야 하며 쓰기도 해야 하고, 공부와 예배, 단순하게는 서로를 돌보는 일도 해야 한다. 가장 강한 공동체는 모든 구성원이 제각기 이러한 일에 참여하는 공동체다.

공동체를 이루는 각 영역에서 사람들이 제 몫을 다할 때, 우리는 인간이 가지고 있는 재능의 풍요로움과 다채로움을 배우게 된다. 공동체가 직면한 위기 상황에서 도움이 되었다고 해도 일상적인 삶에서는 리더가 아닐 수 있음을 배운다. 평상시에는 매사에 결정을 잘 내리지 못하는 사람이라도 예배 시간에는 좋은 인도자일 수 있다. 각 사람은 우리에게 필요한 무언가를 가지고 있지만, 모든 것을 다 가진 사람은 아무도 없으며, 이로써 우리는 우리의 달란트가 다양하다는 사실을 배운다. 우리에게 필요한 자원은 공동체에 있으며, 공동체는 그 자원이 값없이 공유되는 상황을 잘 만들면 된다는 사실을 배운다.

좋은 공동체는 밖에서 가져온 것으로 삶의 필요를 충족하지 않는다. 공동체 안에서 그 필요를 인식하고 충족하도록 만든다. 좋은 공동체는 구성원들이 겪는 삶의 위기를 해결하기 위해 공동체에 상주하는 정신 분석가를 두지 않는다. 그 대신 구성원들이 자신의 자원을 활용하여 서로 사랑하는 법을 배운다. 상황이 되어 그것이 필요해질 때까지 절대 드러나지 않는 자원이 우리 안에 얼마나 많은지 모른다. 참된 공동체에서는 감추어진 자원이 서로의 필요에 따라 발견되는 일이 계속해서 일어난다.

공동체는 전문가가 아니라 아마추어들의 손으로 이루어진다. '아마추어'(amateur)라는 말의 어원은 '사랑하는 사람', 즉 자기가 하는 일을 사랑하기 때문에 그 일을 하는 사람이라는 뜻을 가지고 있다. 사랑은 궁극적으로 삶의 모든 풍요로움의 원천이며, 그것이 우리에게서 흘러넘칠 때 우리의 풍요로움은 더 선명해진다. 치료의 핵심은 돌봄에 있다. 우리 시대의 질병은 분명 제한된 서비스를 제공하는 전문가가 아니라, 서로를 풍성하게 돌보고 나누어주는 아마추어에 의해 치료될 것이다.

공동체에 대한 이러한 성찰에서 이 시대의 중요한 몇 가지 질문에 대한 단서를 발견할 수 있다. 그 질문이란 우리 시대의 거대하고 비인간적인 기관을 어떻게 하면 좀 더 공동체적인 모습으로 바꾸어갈 것인가 하는 것이다. 이 책에서 다룬 공동체의 지표는 이런 기관의 특징과는 전혀 다르다. 공동체는 다양한 기능을 수행하지만, 기관은 한두 가지 전문적인 기능만 수행한다. 공동체의 구성원들은 모든 작업에 참여하지만, 전문 기관은 엄밀한 분업에 따라 움직인다. 공동체는 평범한 아마추어들을 길러내지만, 기관은 전문적인 인력을 길러낸다.

이러한 기관들은 좀 더 넓은 역할을 받아들이고, 구성원들이 서로를 위해 각자 맡은 일을 수행할 수 있도록 함으로써 공동체에 한발 다가설 수 있다. 예를 들어 대학은 음식을 준비하고, 쓰레기를 처리하며, 운동장을 관리하고, 건물을 청소하는 일에 전문가를 고용함으로써 공동체를 이룰 가능성을 계속해서 약화한다. 이런 활동에 직원이나 학생들이 참여할 기회를 만들면 대학은 공동체에 한걸음 가까워질 것이다. 이런 일을 통해 구성원 사이에 존재하는 풍성한 재능이 드러나고, 교육적으로도 의미 있는 사실을 깨닫게 될 것이다. 우리가 배관공을 대학 교수와 동등하게 존중하지 않는다면, 수도 배관에는 물론 우리의 배움에도 물이 새고 말 것이다.[1]

교수와 학생들을 설득하여 대학의 잡다한 일에 참여하도록 하려면 성령의 일하심이 꼭 필요하다! 나는 지금 가벼운 농담을 하려는 게 아니라, 공동체의 삶은 성령의 일하심을 경험하는 사람들에게 달려 있다는 사실을 이야기하려는 것이다. 그런데 이 시대에는 이런 성령의 일하심이 잘 보이지 않는다. 따라서 우리에게는 공동체에 대한 갈급함, 결핍에 대한 두려움을 넘어 풍요를 공유하며 살고자 하는 갈급함이 있다.

기도의 길 _____

결핍에 대한 두려움을 풍요의 복음으로 바꾸길 원한다면,

제5장 결핍의 세상, 풍요의 복음

영적 삶의 토대인 기도로 다시 돌아가야 한다. '기도를 한다'는 것은 한정된 자원을 다른 사람이 먼저 취하기 전에 내가 가질 수 있도록 하나님께 특별히 요청하는 것을 뜻하지 않는다. 그것은 우리 안에 있는 조용하고도 고독한 장소로서, 우리가 하나님을 만나고 삶의 풍성함이 드러나는 그곳으로 계속해서 돌아가는 삶을 말한다.

살아 움직이는 삶은 우리가 어떤 사물에 의존해 있다는 느낌이 들게 한다. 우리는 투표도 해야 하고, 식사도 해야 하며, 약간의 돈과 이동 수단, 또는 어떤 지원을 필요로 한다. 세상에서 해야 할 일반적인 업무에 과도하게 집중하며 사는 우리는 전적으로 세상의 자원에 기대어 산다고, 즉 세상의 법칙을 따라 살고 있다고 믿도록 미혹 당한다. 이 법칙은 생존과 성공에 필요한 자원은 한정되어 있기 때문에 경쟁에서 지지 않으려면 다른 사람보다 서둘러야 한다고 우리에게 이야기한다.

기도의 삶은 우리를 많은 것이 제거된 공간으로 돌아가게 하는데, 그 공간에서는 결핍의 세상이 주장하는 바가 사라지고, 그런 세상은 환상에 불과하다는 사실이 드러난다. 이것이 바로 기도의 핵심이요, 따라서 기도는 환상에서 진리로 나아가는 과정이다. 우리가 맞서야 할 모든 환상 가운데 결핍이라는 환상이 가장 해롭다. 하나님 말씀에 깊이 귀기울이면 더 많이 움켜잡으려는 삶의 방식이 얼마나 어리석은지 알 수 있다. 유일하신 하나님만이 함께하시는 침묵과 고독의 순간에 우리는 세상이 말하는 결핍이 덫과 환상에 지나지 않음을 알게 되고, 풍요에 대한 하나님의 약속은 내일의 가능성이 아니라 오늘의 현실로 우리에게 다가온다.

이것이야말로 기도의 길이 지향하는 가장 놀라운 목적지이며, 우리가 바라고 원하는 풍성함은 바로 지금 여기에서 우리를 둘러싸고, 우리 안에 있다는 깨달음이다. 오늘날 우리에게 필요한 것은 풍성함을 향하여 우리 삶의 방향을 돌리고, 그 풍성함을 드러내는 방식으로 사는 것이다.

제6장

지식의 전환

사도 바울은 매우 훌륭한 교사였다. 인간으로 오신 하나님에 대한 그의 가르침은 급진적이었지만, 그에 대한 청중의 반응은 적대적이었다. 그러나 오늘날 우리는 그의 가르침에 귀 기울여야 한다. 역사는 바울의 가르침을 묵살하지 않았으며, 우리 또한 그럴 수 없다.

어떤 면에서는 모든 그리스도인이 교사로 부르심을 받는다. 그 부르심에 따라 우리 중 어떤 이들은 학교와 대학으로 가고, 또 어떤 이들은 가정과 공동체, 직장에서 가르치는 일을 한다. "그리스도 안에서 모든 것이 새롭게 되었다"는 믿음이 참되다면 우리는 우리 신앙이 가르침의 영역에서 우리의 생각을 어떻게 새롭게 하는지 알고자 힘써야 한다.

바울이 쓴 고린도전서 2장은 기록된 당시에 그러했듯 오늘날에도 여전히 가르침과 배움을 다룬 영향력 있는 글이다. 여기에서 바울은 자기가 가르치는 내용, 그 가르침의 원천과 형식에 관해 이야기하는데, 이는 모든 진정한 교육은 종교적인 색채를 가지고 있다는 앨프리드 화이트헤드(Alfred Whitehead)의 주장과 일맥상통한다.[1] 바울은 우리가 배움에 있어 어려움을 겪는 이유를 설명하면서, 학생이 잘 배우기 위해 갖추어야 할 내적 자질에 대해 말한다. 또한, 바울은 영감을 받은 가르침과 당대 소피스트의 지혜를 대비하는데, 이는 오늘날 학계에서도 분명하게 일어나는 일이다.

바울의 말은 교육에 대한 비전을 담고 있으며, 그 말이 거의 2천 년이나 지속되어 왔다는 사실을 생각해볼 때, 그의 영향력은 실로 대단함을 알 수 있다. 수많은 세기가 흘렀음에도 여전히 생생하게 살아 있는 비전은 어떤 견고한 실체에 기반을 두고 있음을 의미한다. 교실에서 가르치든지, 교실이 아닌 곳에서 가르치든지 우리는 바울에게 배울 수 있다. 그는 진리가 어디에서 오는지, 그 진리가 우리에게 어떤 영향을 주는지와 같은 영속적인 질문이자 가르침과 배움을 위해 부르심 받은 모든 사람이 주목해야 할 질문을 다루고 있다.

1. _____

"형제들아 내가 너희에게 나아가 하나님의 증거를 전할 때에 말과 지혜의 아름다운 것으로 아니하였나니"(고전 2:1).

'교수'(professor)라는 단어는 원래 자신의 믿음을 고백하는(profess) 사람을 의미했다. 교수가 된다는 것은 인간이 만들어낸 모든 것 너머에 있는 권세, 그 위에 흔들리지 않고 서 있을 수 있는 견고한 토대에 대한 확신을 선포하는 것이다. 그러나 오늘날 교수의 역할은 진리를 의심하고 학생들을 지식의 불확실성에 적응시키는 일이다. 수많은 대학생이 학교에서 공통적으로 경험하는 것은 그들 발아래에 있는 토대가 제거되고, 딛고 설 곳을 보지 못하게 되는 일이다. 오늘날 많은 경우, 교수들은 당신에게 "하나님께서 보장하시는 것"을 말해주는 사람이 아니다.

아마도 이 때문에 바울의 "말의 아름다운 것"이라는 표현이 학계에서 그토록 두드러진다고 볼 수 있다. 내가 아는 어떤 교수는 강의 노트 여백에 "이 부분을 이야기할 땐 아주 큰 목소리로!"라고 적어 놓았다. 상대주의가 팽배한 이 시대에 상대를 설득할 기술과 능력이 없다면 어떻게 학생들을 가르칠 수 있겠는가. 담대하게 고백할(profess) 것이 전혀 없는 교수(professor)는 자기도 모르는 사이에 가식적인 모습을 보일 뿐이다.

그러나 동시에 바울은 우리의 발아래 있는 삶의 토대를 뒤흔드는 일이 너무도 중요하다고 말한다. 그가 다메섹 도상에서 겪은 일은 이전에 그가 믿고 가르쳤던 모든 것이 뒤집히는 사건이었으며, 신입생이 처음으로 철학을 접할 때 기존의 모든 것이 산산조각 나는 것처럼 엄청난 충격이었다![2] 그러나 다메섹 도상에서 바울에게 일어난 엄청난 사건은 번지르르한 말에서 나온 것이 아니라, 그를 붙잡고 말씀하시는 살아계신 성령 하나님과의 만남에서 온 것이었다.

바울은 분명 진정한 교육이란 신화를 깨트리고 거짓된 믿음의 환상을 부숴버리는 일이라는 사실에 동의할 것이다. 다메섹에서의 일이 아니었더라면 바울은 그 사건 이전의 모습으로 남아 있었을 것이기 때문이다. 이렇게 엄청난 일을 경험한 사람이 그 일에서 무언가를 배우려면 사건을 넘어서는 소망과 약속에 귀 기울여야 한다. 그 약속이란 닫혀 있던 자신을 깨트려 기꺼이 열고자 하는 모든 이의 삶 속에서 새로운 통찰이 일어날 것이라는 약속이다. 위대한 교사는 우리의 환상을 그저 깨트려 흩기만 하지 않는다. 그들은 우리 발아래 있는 토대가 무너지는 순간, 우리가 딛고 설 더 깊은 토대가 있음을 삶으로 증언할 것이다.

2. _____

"내가 너희 중에서 예수 그리스도와 그가 십자가에 못 박히신 것 외에는 아무것도 알지 아니하기로 작정하였음이라"(고전 2:2).

우리가 참으로 아는 것만을 가르친다면, 우리의 가르침은 어떻게 변할까! 아마 말은 줄어들겠지만, 그 말에는 새로운 힘이 생길 것이다. 듣는 이는 우리의 말이 경험에서 나온 것이며 삶으로 입증된 것임을 알게 될 것이다. 바로 이렇게 사도 바울은 그리스도를 알았다. 그리스도는 그의 삶 가운데 살아계신 분이며, 그를 붙들어 인생을 송두리째 바꾸어 놓은 능력이었다. 바로 이 능력이 바울의 가르침 안에 담겨 있다. 바울의 말은 그에게 벌어진 사건을 반영했으며, 바울 자신을 넘어 사건의 근원을 가리키고 있었다.

언어와 개념이 경험에 기초해야 한다는 것은 자연과학 분야에서는 널리 받아들여지는 사실인데, 이는 실험이 결국 통제된 경험과 다르지 않기 때문이다. 사회과학과 인문학 분야에서는 말이 삶과 동떨어지기도 하고, 말만 가지고 마음대로 세상을 빚어내기도 하며, 학생이 알지 못하는 세상에서 길을 잃어버리는 일이 일어나곤 한다.

여기에 그치지 않고 너무나 많은 학자와 교사, 학생들이 공부로 경험을 대체하고 있다. 예를 들어, 빈곤이라는 주제를 다루면 빈곤 문제에 관여했다고 여긴다. 마찬가지로 정의에 대해 언급했기 때문에 정의를 실현했다고 생각한다. 가르침과 배움이 경험적 지식과 단절될 때, 무언가에 대해 생각한 것을 마치 실천한 것처럼 생각하는 커다란 착각에 빠지게 된다!

내가 아는 어떤 교사는 교실에서 학생들이 따라야 할 두 가지 규칙을 정해 놓고 있었다. 하나는 꼭 말해야 할 필요가 있을 때만 말하도록 하는 것이고, 다른 하나는 아는 것만 말하거나 진짜로 알고 싶을 때만 질문하도록 하는 것이다. 그 교실에는 때때로 긴 침묵이 흘러서 일반적인 교사와 학생이라면 위축될 정도였다. 그러나 그 침묵은 바울이 경험을 통해 배우고 가르쳤던 경험적 진리를 우리도 깨닫게 되리라는 기대와 소망을 품고 기다리는 과정이다. 그 침묵이 깨지는 순간, 주의를 기울여 듣는 일이 정말로 가치 있다는 사실을 더욱 확신하게 된다.

3. _____

"내가 너희 가운데 거할 때에 약하고 두려워하고 심히 떨었노라 내 말과 내 전도함이 설득력 있는 지혜의 말로 하지 아니하고 다만 성령의 나타나심과 능력으로 하여 너희 믿음이 사람의 지혜에 있지 아니하고 다만 하나님의 능력에 있게 하려 하였노라"(고전 2:3-5).

바울은 교사인 자신은 그저 저 너머에서 오는 자신보다 큰 가르침, 자기만의 방식으로는 도무지 전달할 수 없는 그

가르침의 통로일 뿐이라는 사실을 알고 있었다. 그는 청중에게 좋은 인상을 주기 위해 (또는 청중을 낙심에 빠트리기 위해) 일부러 현란한 말솜씨나 기술을 사용하는 방식이 오히려 성령의 일하심을 방해할 수 있다는 점을 잘 알았다.

그러나 무엇보다도 놀라운 것은, 바울이 그의 부서짐이, 그의 "두려움과 떨림"이 그의 가르침에 방해가 되기보다 오히려 힘이 된다는 사실을 깨달았다는 점이다. 교사가 이렇게 자신을 투명하게 드러내보일 때, 학생은 하나님께서 인간의 한계와 연약함을 통해 일하심을 생생하게 바라보게 된다. 깨어져 열린 삶 속으로 성령이 찾아오신다는 증거가 여기 있다. 그것은 바로 교사의 말로만이 아니라 깨어져 열린 (broken-open) 교사가 치유의 대화를 위한 통로로 사용된다는 사실이다. 바울은 이렇게도 이야기한다. "우리가 이 보배를 질그릇에 가졌으니 이는 심히 큰 능력은 하나님께 있고 우리에게 있지 아니함을 알게 하려 함이라"(고후 4:7).

바울의 말은 '깨어짐'이 무력하고, 부주의하며, 준비가 부족한 상태라고 생각하는 교사에게는 아무런 위로를 주지 못한다. 자신의 능력에 의지하지 않는다는 바울의 말은 '임기응변'을 뜻하지 않는다. 그는 '두려움과 떨림'으로 가르침에 이르게 되었다고 말한다. 이는 그에게 주어진 부르심에 대한 엄청난 무게를 느끼며 그 부르심을 진지하게 받아들였다는 뜻이다. 역설적으로 말해서, 가르침을 진지하게 받아들인다는 것은 가르침의 주인 자리를 내가 아니라 진리에 양보한다는 뜻이다. 이런 일은 교사가 살아 있는 진리, 곧 그의 진정한 자아 안에 담겨 있는 진리를 고백할 때에만 일어날 수 있다. 그것은 교사가 "내 뜻대로 마옵시고, 아버지의 뜻대로 하옵소서"라고 기도할 때라야 일어날 수 있다.

4. _____

"그러나 우리가 온전한 자들 중에서는 지혜를 말하노니 이는 이 세상의 지혜가 아니요 또 이 세상에서 없어질 통치자들의 지혜도 아니요"(고전 2:6).

학교에서 가르치는 사람은 바울의 가르침이 "온전한 자들"을 위한 것이라는 말에 마음이 편치 않을 수 있다. 흔히 가르침과 배움을 학생들이 온전함에 이르는 과정이라고 생각하기 때문이다. 그러나 학생들이 배울 수 있을 만큼 알지 못해서 가르치는 일이 어려운 경우가 얼마나 많은가.

우리 삶에는 교육 말고도 많은 것이 있고, 이 '많은 것'의 일부는 교육이 우리에게 깊은 영향을 주기 전에 경험되어야 한다. 미국의 사회비평가 폴 굿맨(Paul Goodman)은 사람들이 무언가를 배우기 위해서가 아니라 배우고 난 다음에 대학에 가야 한다고 말한 적이 있는데, 그래야만 배움을 성찰할 기회를 얻을 수 있기 때문이다! 대학 강의실은 학교가 배움의 유일한 장소가 아님을 충분히 알 정도로 오랫동안 학교를 떠나 있었던 사람들이 있을 때 더 생기가 넘쳐날 수 있다.

바울이 말하는 온전함은 이미 모든 답을 얻은 상태가 아니다. 모든 답을 얻었다고 생각하는 삶의 자세는 실상 죽음과 다르지 않은데, 그것은 뜻밖에 다가오는 계시에서 우리를 멀어지게 하기 때문이다. 대신 바울은 온전함을 "이 세상의 지혜"와 "이 세상에서 없어질 통치자들의 지혜"가 아니라고 말한다. 지혜로운 사람은 전통적으로 여겨온 지혜가 온전하지 않고, 널리 받아들여지고 있는 진리가 공허한 것임을 인식한다. 바울이 보기에 지혜의 시작은 지적인 일이든 정치적인 일이든 기존의 질서에 순응하는 것이 아니라

의문을 제기하는 것이다.

바로 여기에 가르침에 관한 중요한 단서가 있다. 가르치는 사람은 질문을 기다려주지 않고 답을 주려고 하는 덫에 너무도 쉽게 빠지기 때문이다. '교육'이라는 단어의 어원에는 "끌어내는 일"(drawing out)이라는 뜻이 있다. 이는 교육이 단순히 새로운 정보를 전달하는 것이 아니라, 의식하든 의식하지 않든 간에 학생이 이미 가지고 있는 바를 끌어내는 일임을 뜻한다. 아무리 미숙한 어린이라도 모두가 이와 같은 교육의 경험을 가지고 있다. 답을 주면 사람들 속에 있는 것을 끌어내지 못하지만, 질문을 던지면 그것이 가능하다. 공감의 질문을 받게 되면, 우리는 우리가 생각했던 것보다 더 많이 알고 있음을 깨닫거나, 우리가 알아야 할 것에 대한 실마리를 찾을 수 있다.

바울에 따르면, 지혜로운 사람은 단지 회의적이거나 냉소적이고 무언가를 반대하는 사람이 아니다. 이러한 태도가 관습적인 지혜를 마주하면 적절할 때도 있지만 말이다. 지혜는 그것이 참되다고 사회적으로 널리 받아들여지는 진리의 개념을 넘어, 우리 마음의 질문에 응답하는 성령에 열린 상태, 즉 새로운 진리를 받아들일 준비가 된 상태를 말한다.

5. _____

"이 지혜는 이 세대의 통치자들이 한 사람도 알지 못하였
나니 만일 알았더라면 영광의 주를 십자가에 못 박지 아니
하였으리라"(고전 2:8).

우리 사회에서 교육에 이토록 이목이 쏠리는 이유는 교
육이 지위와 권력, 신분과 부(富)에 이르는 길이기 때문이다.
우리는 교육을 통해 최소한 우리 삶을 결정할 수 있는 권리
를 얻고, 궁극적으로는 다른 사람과 세상에 대한 지배 권한
을 누리기를 바란다. 이쪽에는 가르침과 배움을, 저쪽에는
삶을 통제하려는 힘을 두고 양쪽을 연결하면서 "아는 것이
힘이다"라고 자랑한다.

물론 우리가 삶을 마음대로 좌지우지할 수 있다는 믿음
은 환상에 불과하다. 더 나아가 그것은 자신을 우상으로 섬
기는 일이다. 삶을 움직이는 능력은 우리 안에 있지만, 실은
우리 너머에 있는 것이다. 그것은 우리가 결코 소유할 수 없
는 능력으로, 다만 그편에 서거나 맞설 뿐이다. 바울 시대에
세속적인 권력에 눈이 멀어 지배권을 유지하기를 원했던 사

람들은 예수를 십자가에 못 박았다. 진리의 빛은 언제나 자기 유익만 추구하기 위해 권력을 쥐는 사람들의 오만함을 드러낸다. 이들은 언제나 그 빛을 끄려고 하고, 자기를 힘없는 자들과 같이 취급하는 사람이라면 누구든 십자가에 매달려고 할 것이다.

슬프게도 교육은 이렇게 계속되는 십자가 처형과 무관하지 않다. 특히 우리가 교육을 '승자'와 '패자'로, 부자와 가난한 자로 구분하는 일에 이용할 때 더욱 그러하다. 교육은 가장 바람직한 모습으로 기능할 때 사회적 이동을 위한 기회를 제공하지만, 가난하고 굶주리며 헐벗고 갇힌 자들을 섬기지 못하는 경우가 얼마나 많은지 모른다. 우리는 가장 작은 자를 위해 무엇을 하든 그것은 그리스도를 위해 하는 일이라는 말을 들었다. 교육이 가난한 이들을 더 가난하게 만드는 일에 관여하고 있다면, 그런 교육 제도는 그리스도를 다시 십자가에 못 박는 일과 다르지 않다.

바울은 올바른 가르침이란 권력이 아니라 경외하는 마음을 기르는 일에 목적을 두어야 한다고 말한다. 여기에서 경외하는 마음이란 참된 권력의 유일한 근원이 하나님이심을 아는 것에서 시작된다. 이 권력은 사람을 상하게 하고 파괴하는 것이 아니라, 일으켜 세우고 치유하는 힘이다. 이 경외심은 우리가 하나님의 사랑과 은사를 받았다는 사실을 깨닫게 하며, 모든 사람이 삶에 주어진 기회를 제대로 충분히 누릴 자격이 있음을 알게 한다.

6. _____

"기록된 바 하나님이 자기를 사랑하는 자들을 위하여 예비하신 모든 것은 눈으로 보지 못하고 귀로 듣지 못하고 사람의 마음으로 생각하지도 못하였다 함과 같으니라"(고전 2:9).

많은 경우, 학교교육은 눈으로 볼 수 있고 귀로 들을 수 있는 것만을 다룬다. 삶의 심오함이 아니라 표면적인 삶을 위해 교육하는 것이다. 학교라는 얕은 물을 떠나 삶의 깊은 바다로 들어갈 때, 우리 중 많은 사람은 학교에서 배운 수많은 지식을 내려놓고, 선하고 참되며 아름다운 것을 처음부터 배워야 한다. 어떤 이들은 이것을 재빨리 배우지 못한 채, 교육이 준비시켜주지 못한 물에서 허우적거리거나 빠지고 만다.

그러나 겉으로 보이는 세상, 즉 감각을 통해 관찰 가능한 세상 너머에 수많은 진리가 있다는 사실은 자연과학에서도 널리 알려진 사실이다. 과학자들이 궁극적으로 다루는 것은 관찰되는 것뿐만 아니라 그에 관한 개념, 물질의 신비에 대한 탐구, 이론이나 근사치로만 파악할 수 있는 신비다. 위대한 과학과 신비에 대한 경외는 손을 맞잡은 듯 함께 간다. "사람의 마음 너머"에 수많은 것이 존재한다는 바울의 말에 과학자들도 어렵지 않게 동의한다.

그러나 바울은 여기에서 더 나아가 그가 가르치는 진리는 오직 하나님을 사랑하는 자들에게만 적용된다고 말한다. 지식과 사랑을 연결하는 것은 대단히 놀랍다. 우리 시대는 아는 것과 사랑하는 것을 종종 상반되는 것으로 여긴다. 아는 것을 이성적인 정신의 기능으로, 사랑하는 것을 비이성적인 마음의 영역으로 간주하기 때문이다. 그러나 성경에 언급된 동사 '알다'(know)는 친밀함을 가리키는 말이다. 성경 속 인물들은 앎의 주체와 대상이 서로 침투할 때라야 깊은 지식을 얻을 수 있으며, 진리는 마치 인격과도 같아서 그것을 알고자 하는 사람이 사랑을 품고 다가갈 때만 허락된다는 사실을 잘 알았다.

기독교의 핵심에는 진리가 인격적이라는 생각이 담겨 있다. 이러한 생각은 무엇보다도 "내가 곧 길이요 진리요 생명이니"(요 14:6)라는 예수님의 말씀에서 찾을 수 있다. 훌륭한 가르침은 학생들을 어떤 대상과 인격적인 관계, 앎의 관계를 맺도록 초대한다. 인식하는 주체와 대상의 관계는 사랑하는 사람과 사랑받는 사람 사이의 관계와 흡사하다. 그렇게 될 때 우리는 진정으로 알 수 있다.

앎에 대한 이러한 생각은 '그저 시(詩)적인' 것도 아니고, 철 지난 이야기도 아니며, 오히려 여러 면에서 현대의 인식론과 일치한다. 아원자 물리학(subatomic physics, 역주-중성자, 양성자, 전자와 같이 원자보다 작은 입자를 '아원자'라고 함)은 관찰자의 존재 자체가 관찰 대상에 영향을 미친다는 사실을 알게 해주었고, 과학철학자들은 이 둘을 분리하는 것이 불가능하다고 생각한다. 앎의 주체와 대상 사이에 오염되지 않은 거리가 필요하기는커녕, 앎의 대상과 친밀한 관계에 있지 않다면 우리의 지식은 성립 자체가 되지 않는다.

7. _____

"오직 하나님이 성령으로 이것을 우리에게 보이셨으니 성령은 모든 것 곧 하나님의 깊은 것까지도 통달하시느니라 사람의 일을 사람의 속에 있는 영 외에 누가 알리요 이와 같이 하나님의 일도 하나님의 영 외에는 아무도 알지 못하느니라"(고전 2:10, 11).

바울은 영혼과 영혼이 만나 이야기할 때 지식을 얻을 수 있다고 말한다. 우리가 만일 무언가를 깊이 알고자 한다면, 이는 영혼의 대화를 통해서만 가능하다. 우리는 표면 아래, 겉모습 너머를 보고 듣는 법을 배워야 하는데, 이는 영혼이 바로 그 아래, 그 너머에 있기 때문이다. 또한, 우리의 방식을 강요하지 말고, 그 영혼이 자신을 드러낼 때까지 기다려야 한다. 영적인 것은 영혼만이 이해할 수 있으므로 우리는 우리의 영혼으로 다가가야 한다.

그러나 오늘날의 문화는 깊이 아는 것의 개인적 의미를 경계하라고 가르친다. 왜냐하면 오직 측정할 수 있는 것만이 실존하고, '영혼'은 원시적인 망상이라고 여겨 피상적으로 아는 데에 머무르기 때문이다. 우리는 '객관성'이 지식의 가장 바람직한 특징이라고 생각하고, 알고자 하는 대상과 거리를 둠으로써 주관에 의해 오염되지 않은 객관적 지식을 얻을 수 있다고 본다. 우리는 앎이, 인격적으로 개입하지 않고 그저 떨어져 앉아 관람하는 스포츠 같기를 바란다.

객관성에 대한 이러한 생각 너머에는, 관계를 통한 앎은 자신이 알려지고 변화되는 위험을 감수해야 한다는 두려움이 자리 잡고 있다. 정말로 그렇다! 영혼과 영혼이 이야기함으로써 지식을 얻을 때, 우리의 영혼은 탐색되어 삶이 변화되기도 한다. 바울이 말하는 앎이란 스포츠 경기 관람이 아니다. 그것은 우리가 진리를 알게 되고 진리가 우리를 알게 되는 진리와의 대화로서, 이러한 앎에는 우리의 삶을 도전하고 변화시키는 힘이 있다.

바울은 이 모든 것을 고린도 교회에 보내는 첫 번째 편지(고린도전서)의 끝에 멋지게 풀어내고 있다. 그는 우리가 하나님과 얼굴과 얼굴을 맞대고 바라볼 때 얻을 수 있는 지식에 대해 이야기하면서, "지금은 내가 부분적으로 아나 그 때에는 주께서 나를 아신 것같이 내가 온전히 알리라"(고전 13:12)라고 말한다.

철학자들은 실재와 우리의 지성이 모두 이성적인 구조를 가지고 있고, 이성은 이성을 통해 알 수 있기 때문에 우리가 실재의 본질을 알 수 있다고 전제한다. 이와 달리 바울은 우리가 진리를 알 수 있는 이유는 진리가 인격적이고 우리 또한 인격이기 때문이라고 믿었다. 사랑받기 때문에 사랑할 수 있는 것처럼, 인격적인 앎의 대상이 되었기 때문에 알 수 있는 것이다. 하나님의 영은 우리를 가르치시고, 우리가 알게 되기를 바라시며, 사랑과 진리 안에서 끊임없이 우리에게 다가오신다. 바울의 가르침은 이러한 확신에 기초하고 있다.

8. _____

"우리가 세상의 영을 받지 아니하고 오직 하나님으로부터 온 영을 받았으니 이는 우리로 하여금 하나님께서 우리에게 은혜로 주신 것들을 알게 하려 하심이라"(고전 2:12).

만일 우리가 삶이 하나의 선물임을 깨닫게 된다면, 그것은 회심이라고 부를 만한 일이다. 그리고 이러한 깨달음은 우리의 가르침과 배움을 놀랍도록 바꾸어 놓을 것이다. 그러나 우리는 이 세상과 알아야 할 대상을 붙잡아서 소유하고 가져야 할 것으로 여긴다.

우리는 '진리 추구'를 마치 포획해야 할 사냥감처럼 여기는데, 이런 생각은 우연의 결과가 아니다. 우리는 어떤 대상을 지배하고, 소유하며, 바꾸고, 통제하기 위해 그것을 알고자 한다. 그렇게 얻은 지식으로 우리는 이 세상을 종종 잔인하게 다룬다. 인간이 자연과 맺는 관계를 보라. 인간이 야기한 생태계의 재앙이 바로 그 증거다. 우리가 세계를 선물이 아니라 약탈할 대상으로 다룬다면, 우리는 그 선물을 망가뜨리고 말 것이다. 그러나 감사함과 겸손함으로 이 세계를 선물로 받는다면 세계는 우리를 지속 가능하게 할 것이다.

우리가 진리를 선물로 받지 못하고 그것을 추구한 나머지 쓰러트리려 한다면 우리 지식의 질은 손상될 것이다. 만일 진리가 인격적이라면, 인격체가 그러하듯이 진리는 관심과 존중의 마음으로 기다리며 귀를 기울이는 사람에게는 자신을 온전히 드러내지만, 억지로 열려고 하는 사람에게는 그렇지 않을 것이다. 부서질 듯 문을 두드리며 나오라고 소리치는 이에게는 진리가 드러나지 않는 법이다. 진리와 관계를 맺으려면 먼저 신뢰를 주어야 한다.

우리가 진리를 선물로 받아들이기 어려워하는 이유는, 모든 선물이 우리를 선물 주는 이에게 종속시키기 때문이다. 특히 생명의 선물은 더욱 그러하다. 그렇게 큰 선물을 받을 때면 마음의 빚과 부담을 느끼는데, 이는 독립적이고 자율적인 삶을 향한 우리의 바람과 맞지 않다. 사실 우리가 배우려 하고 우리 사회에서 교육을 마치 상품처럼 판매하려는 이유는 지식이 누군가를 의지할 가능성을 낮춰주고, 무언가를 혼자서 할 수 있는 힘을 길러준다고 믿기 때문이다. 이렇게 보면 현대 교육은 자율성을 위한 훈련이며, 이런 상황에서는 지식 자체를 선물로 받아들이기가 거의 불가능하다!

그러나 우리가 알든 모르든, 원하든 그렇지 않든 간에 우리는 의존적인 존재이며, 참된 지식은 의존적인 존재인 우리의 겸손과 감사를 요구한다. 참된 교육은 '고등교육'이 주입하려고 하는 권력의 거짓된 자만과 오만을 내버려두지 않고, 우리에게 주어진 모든 것이 순전히 선물이라는 사실과, 그 선물은 누군가를 지배하기 위해서가 아니라 함께 나누고 누리기 위한 것임을 이해하도록 해준다.

9. _____

"우리가 이것을 말하거니와 사람의 지혜가 가르친 말로 아니하고 오직 성령께서 가르치신 것으로 하니 영적인 일은 영적인 것으로 분별하느니라"(고전 2:13).

바울은 교사와 학생의 관계가 성령과 우리의 관계와 같아야 한다고 말한다. 교사가 이런 방식으로 가르치고자 한다면, 성령께서 가르치는 다음의 방식을 이해해야 한다.

첫째, 성령의 가르침은 자유의 길이다. 진리의 말씀은 이미 선포되었고, 우리에게는 그 말씀을 듣거나 듣지 않을 자유가 있다. 어떻게 반응할지는 우리에게 달려 있다. 그러나 우리가 어떻게 반응을 하든지 간에 그 말씀은 쉬지 않고 선포된다. 자유의 말씀은 자유롭게 선포되는 것이다.

성령은 강제로 우리를 듣거나 따르게 하지 않으시며, 좋은 교사 역시 학생들에게 강요하지 않는다. 이는 등급 매기기에 대한 압박이 더욱 심해진 학교교육 체제에 대한 근본적인 도전이다. 그러나 자유가 없는 곳에서는 참된 배움이 일어나지 않는다. 우리가 알든 모르든, 받아들이든 그렇지 않든, 좋아하든 싫어하든 간에 학생들은 항상 배울지 말지를 스스로 선택할 것이다. 참된 교육은 이러한 불가피한 사실을 무시하거나 맞서는 대신 그것을 일깨움으로써 우리를 축복한다.

둘째, 성령은 사랑으로 우리를 가르치신다. 하나님이 우리에게 주신 자유는 무관심의 표현이 아니며, 따라서 자유를 갖게 되었다고 해서 무시당하거나 버림받는 것은 결코 아니다. 성령은 우리가 진리의 길을 따르는 일에 우리의 자유를 사용하기를 간절히 바라신다. 그 길은 모든 것보다 위대한 자유, 즉 죽음에서 삶으로 인도하는 자유의 길이다. 그러나 우리가 그 길을 거부하고, 살아도 죽은 것처럼 우리 자신을 속박한다고 해도 성령께서는 언제나 우리와 함께하시고, 하나님의 사랑은 변함이 없어서 우리에게 어둠에서 빛 가운데로 나오라고 말씀하신다. 교사와 학생의 관계도 이와 같아야 한다. 학생이 교사의 가르침을 거부하고 거절한다고 해도, 참된 교사는 사랑의 마음으로 학생 한 사람 한 사람의 본성에 있는 '더 나은 모습'을 지치지 않고 일깨워주는 사람이다.

셋째, 성령은 진리로 우리를 가르치신다. 하나님은 환상의 가면을 벗기고, 온갖 우상을 허무시는 위대한 분이다. 우리를 향하신 하나님의 사랑은 너무도 커서, 거짓된 형상이 주는 가짜 위안이 아무리 크더라도 우리가 그러한 거짓 형상을 마음에 품기를 원치 않으신다. 그분은 우리가 벌거벗게 될지라도 우리가 입은 거짓의 옷을 벗기시는데, 이는 거짓의 옷을 입고 사는 것보다 진리 안에서 벌거벗은 채로 사는 것이 낫기 때문이다. 마찬가지로 참된 교사도 학생을 향한 사랑이 너무 큰 나머지 거짓을 보면 그냥 넘어가지 못한다. 도스토옙스키는 이런 교사의 모습을 간결하고 명확하게 표현했다. "꿈속에서 그리는 사랑과 달리, 행동하는 사랑은 가혹하고 끔찍하다."[3]

10. _____

"육에 속한 사람은 하나님의 성령의 일들을 받지 아니하나니 이는 그것들이 그에게는 어리석게 보임이요 또 그는 그것들을 알 수도 없나니 그러한 일은 영적으로 분별되기 때문이라 신령한 자는 모든 것을 판단하나 자기는 아무에게도 판단을 받지 아니하느니라"(고전 2:14, 15).

이 구절에서 바울은 학생에 초점을 맞추어 학생은 진리를 알 준비를 갖추어야 한다고 말한다. 바울은 가르침이란 일방통행이 아니며, 참된 가르침의 정신은 학습자 안에 있는 받아들이고자 하는 정신과 조화를 이루어야 한다고 일깨운다. 가르치는 자 안에서 일하시는 성령께서 배우는 자 안에서도 일하셔야 한다. 그렇지 않으면 대화는 이루어질 수 없다.

그러므로 배우는 자로서 우리는 성령을 향해 마음을 열도록 기도해야 한다. 비상한 두뇌를 가진 사람이라고 해서 진리를 받아들이는 마음이 자연스럽게 생기는 것은 아니기 때문이다. 가르치는 자인 우리는 성령이 우리 안에서 일하시도록 그를 위한 공간을 만들고, 학생들이 그러한 성령의 일하심에 마음을 열도록 돕는 배움의 환경을 조성해야 한다. 우리는 모든 학생에게 성령을 받아들일 힘이 있다는 사실과 퀘이커 교도들이 이야기하듯이 모든 사람 안에는 '하나님의 그것'이 있다는 사실을 신뢰해야 한다. 그리고 나서 감추어진 잠재력을 끌어내는 교실 환경을 창조해야 한다.

이러한 환경은 경쟁이 아니라 협력을 기반으로 한다. 협력적인 교실에서 학생들은 서로 이용할 약점을 캐내는 대신 서로의 강점을 찾도록 돕는다. 이런 환경에서는 모르는 것을 드러낼 때만 알아야 할 것을 발견할 수 있기에, 정답을 말하는 사람은 물론 자신의 무지를 드러내는 사람에게도 보상을 준다. 성령께서는 우리의 지성뿐만 아니라 심성에도 말씀하시는 분이기에, 이러한 환경은 지적 능력뿐만 아니라 전인(the whole person)을 귀하게 여길 것이다.

우리가 성령을 받아들이면 바울이 말한 것처럼 "모든 것의 가치를 판단할 수 있"게 된다. 이는 참된 교육에 대한 놀라운 정의가 아닐 수 없다! 교육받은 사람이 알아야 할 것은 눈과 귀를 통해 쉽게 인식할 수 있는 사물의 겉모습이 아니라, 눈으로 본 적도 없고 귀로 들은 적도 없는 무언가의 가치와 그것이 우리 삶에 주는 의미이다.

사물의 가치를 아는 사람은 자신의 가치를 다른 사람에게 '판단 받지 않는' 사람이다. 이러한 사람은 다른 사람의 시선으로 자신의 가치를 확인할 필요가 없으며, 인간이라는 존재 자체에 궁극적인 가치가 있다는 사실을 알게 될 것이다. 수평과 수직을 맞추는 다림줄로 우리의 삶에 찾아오시는 하나님은 만물의 가치를 우리에게 보여주시며 우리의 상태가 어떠하든지 간에 우리 각 사람에게 "너는 사랑받는 자"라고 말씀하시는 분이다. 교육을 잘 받았다는 것은 다른 그 무엇보다도 이 사실을 깊이 아는 것이다.

11. _____

"누가 주의 마음을 알아서 주를 가르치겠느냐 그러나 우리가 그리스도의 마음을 가졌느니라"(고전 2:16).

"우리가 그리스도의 마음을 가졌느니라." 이 얼마나 오만한 말인가! 그러나 이는 인간의 교만에서 나온 말이 아니다. 오히려 이 말은 예수님으로 성육신하신 하나님께로 나온 것이며, 하나님의 말씀이 육신이 되신 사실에 기초하여 나온 것이다. 인간인 동시에 참 하나님이신 성육신이 의미하는 바는 소멸할 수밖에 없는 인간이 "그리스도의 마음"을 품을 수 있다는 사실이다. 그리스도인의 신앙고백이라는 사건은 죽음에 처한 우리가 하나님의 생명을 취할 수 있도록 하나님께서 죽을 운명을 취하셨다는 것이다.

바울은 기독 교사와 학생을 위해 고린도전서 2장 전체를 통해 그리스도의 마음이 의미하는 바를 자세하게 그려내고 있다. 우리 삶의 모든 면이 그러하듯, 가르침과 배움을 통해 우리는 그리스도의 마음을 본받으라는 권면을 받는다. 그 넓고 은혜로운 마음을 통해 교육은 기술 훈련에서 우리의 지혜를 깊어지게 하는 일로 변하고, 그리하여 우리의 지식과 인격, 관계, 세상은 더욱 새로워진다.

다시, '공동체'를 이야기하다 _____

2001년 여름, 대학을 갓 졸업하고 교직에 첫발을 내디뎠을 때 나의 멘토는 책 한 권을 선물해주었다. 바로 파커 파머의 『가르칠 수 있는 용기』였다. 당시 초임 교사였던 나에게 이 책은 이해하기에 너무 어려웠다. 나중에 이 책을 다시 읽었을 때, 그래서 그 깊이를 조금이나마 더 이해하게 되었을 때는 아이들을 여러 해 가르치고 난 뒤였다.

그로부터 정확히 10년 후인 2011년 여름, 나는 박사학위를 받기 위해 미국 위스콘신 대학교가 자리한 매디슨(Madison)이라는 도시로 가족을 이끌고 이주했다. 이듬해 겨울, 우연한 기회에 지역에서 발행하는 신문을 읽던 중 구석에 실린 짧은 글 하나가 나의 눈을 사로잡았다. "내가 사는 도시, 매디슨에서는 …"이라고 시작하는 파커 파머의 글이었다. "그가 매디슨에 산다고? 교사인 내게 큰 영감을 주었던 『가르칠 수 있는 용기』의 저자가 나와 같은 도시에?" 나는 주저함 없이 칼럼 끝에 있는 그의 이메일 주소로 편지를 보냈다.

　"선생님, 저는 한국에서 온 김종훈입니다. 한국에서는 교사였고, 지금은 박사 과정 공부를 위해 위스콘신 대학교에 다니고 있습니다. 선생님의 책 『가르칠 수 있는 용기』는 교사인 제게 큰 도움을 주었어요. 한번 만나고 싶습니다."

파커 파머는 곧 내게 답장을 보내왔다.

　"나는 용기와 회복 센터(Center for Courage & Renewal)의 일을 위해 미국 서부와 동부에서 대부분의 시간을 보냅니다. 아주 잠깐 휴가 기간에만 매디슨의 내 집에 돌아와요. 그런데 마침 지금 집에 와 있습니다. 주소를 알려줄테니 다음 주 ○요일 ○시에 우리 집으로 오겠어요?"

약속을 잡고 찾아간 파머 선생님의 자택에는 벽난로가

피워져 있었고, 선생님은 나에게 따뜻한 커피를 내주었다. 두 시간이 넘는 대화를 나누며 나는 대화 내용 이상으로 한 분야의 대가에게서 뿜어져 나오는 범상치 않은 기운에 압도 당했다. 나는 한국에 선생님을 좋아하는 독자가 많으니 기 회가 되면 꼭 한번 방문해달라는 부탁을 하며 대화를 마무 리했다. (대화 내용은 좋은교사운동에서 발행하는 월간지「좋은교사」 2012년 3월호에 수록되어 있다.)

학위를 마치고 한국으로 돌아온 나는 대학으로 자리를 옮겼다. 이후『가르칠 수 있는 용기』를 교재로 학생들을 가 르치기도 했고, 공동체의 진정한 의미와 필요에 대한 그의 생각을 오롯이 담아 교사의 가르침과 공동체적 삶을 기록한 책『교사, 함께 할수록 빛나는』(템북, 2020)을 세상에 내놓기 도 했다. 이렇듯 파커 파머는 이런저런 방법으로 내게 적지 않은 영향을 주었다. 그 여정 가운데 마침내 이 책을 번역하 기에 이르렀다.

출판사로부터 책의 번역을 요청받았을 때, 나는 몇 가지 이유로 잠시 주저했다. 우선, 이 책은 김명희 선생님의 번역 으로 아바서원에서『가르침: 파커 파머가 역설에서 퍼올린 삶의 지혜』(2012년)와『역설에서 배우는 삶의 지혜』(2016년)

라는 제목으로 두 번 출간되었던 책이다. 앞서 좋은 번역을 두고 또다시 번역하는 일은 역자에게 여간 부담이 되는 일이 아니었으나, 이 책이 '여기 그리고 지금'(here and now)을 살아가는 우리에게 던지는 중요한 메시지가 있다는 생각에 용기를 내었다. 김명희 선생님에게 이 자리를 빌어 감사의 인사를 전한다.

또한, 마르크스주의 등과 같이 저자가 본문에서 다룬 일부 내용이 한국의 독자들에게 반감을 주지는 않을까 하는 염려도 없지 않았다. 그러나 파커 파머가 밝히고 있듯이, 이는 '역설'이라는 이 책의 핵심 개념을 설명하기 위해 꼭 필요한 예시라는 점에서, 독자들이 단순한 사상 너머에 있는 역설의 지혜를 발견하기를 바랄 뿐이다.

더불어, 이 책은 기독교 사상에 뿌리를 두고 쓴 책이기에 폭넓은 사람들에게 공감을 얻기 어려울 수 있다는 생각도 적지 않은 부담으로 다가왔다. 그러나 이 책이 이야기하듯 '삶이라는 이름의 역설에서 우리가 얻어야 할 지혜란 바로 공동체를 이루며 더불어 살아가는 삶의 가치'에 있다. 이러한 파커 파머의 생각은 특정 종교와 신념을 넘어 오늘을 살아가는 현대인에게 큰 울림을 준다고 확신한다.

우리는 혼자 식사하고, 여행하며, 영화를 보는 일이 익숙하다 못해 오히려 그것을 선호하는 '홀로'의 삶을 추구한다. 어쩌면 이러한 세상의 흐름을 역행하여 '공동체'를 이야기하는 일이 역자인 나에게 가장 큰 부담이었을지 모른다. 그러나 우리는 편리함과 편안함을 따르는 삶이 도리어 인간의 몸과 마음을 병들게 했다는 파머 박사의 진단에 주목해야 한다. 불편하지만 공동체를 이루며 사는 삶에 희망이 있다. 이것이 바로 내가 이 책을 번역함으로써 다시 공동체를 이야기하려는 이유다.

생각해보면, 공동체 속에서 더불어 사는 삶은 여간 부담스러운 일이 아닐 수 없다. 거기에는 많은 시간과 노력이 필요하다. 다른 사람과 공동체를 위해 '나'를 잠시 뒤로 미루어야 할 때도 있다. 그러나 모두가 공동체를 이루며 함께하는 삶을 살 때라야 오늘날 우리가 직면한 크고 작은 사회적 문제를 해결할 수 있다. 그것이 바로 삶의 역설에서 길어 올린 지혜다.

나는 교육학자로서 많은 예비 교사와 현직 교사들이 이 책을 읽기를 기대한다. 갈수록 척박해져가는 교실에서 홀로 분투하다가 크나큰 상처를 입은 교사가 이 책을 통해 공동체라는 한 줄기 희망을 발견하기를 간절히 바란다. 나는 한국의 많은 그리스도인이 이 책을 읽기를 기대한다. 여러 이유로 교회를 떠나거나, 우리 사회에서 교회의 참된 역할을 고민하는 사람들이 이 책을 통해 공동체성을 회복하게 되기를 희망한다. 우리가 이 책을 통해 삶의 곳곳에 깊이 스며 있는 역설을 이해하고 나아가 역설을 살아낼 수 있다면, 나의 작은 수고는 충분한 가치가 있다고 믿는다.

_김종훈

서문

1) Richard Hughes, *How Christian Faith Can Sustain the Life of the Mind* (Grand Rapids, Mich.: Eerdmans, 2001), p. 142.

2) 펜들 힐에 관한 정보는 www.pendlehill.org를 보라.

3) 헨리 나우웬, 『영적 발돋움』, 두란노, 2022.

4) 지난 30년간 글 쓰는 법을 계속 배우면서 글을 좀 더 분명하고 멋지게 쓸 방법을 찾게 되면 이전에 쓴 글을 한 줄도 그냥 두지 않고 손질해왔다. 그러나 이 책은 스타일은 새로 편집했지만 1980년 판에 담긴 내 생각은 손대지 않고 그대로 두려고 노력했다.

5) 이 말은 여러 인용 자료에서 보어의 말로 인정되어왔지만 정작 그의 저작에서는 그 출처를 찾을 수 없었다. 그러나 그의 아들 한스 보어가 "My Father"이라는 글에서 말한 내용을 보면 이 말이 보어에게서 시작된 말임을 확인할 수 있다. "아버지가 가장 좋아하시던 격언 중 하나는 진리를 두 종류로 구분하는 것이었다. 하나는 반대되는 것도 마찬가지로 진리로 인정되는 깊은 진리이며, 다른 하나는 반대되는 것이 분명 터무니없는 사소한 진리이다." S. Rozental, ed., *Niels Bohr: His Life and Work as Seen by*

His Friends and Colleagues (New York: Wiley, 1967), p. 328.

6) 윌리엄 제임스, 『종교적 경험의 다양성』, 한길사, 2000.

제1장

1) 토머스 머튼, 『토머스 머튼의 영적 일기-요나의 표징』, 바로오딸, 2009.

2) Thomas Merton, *A Thomas Merton Reader*, ed. Thomas P. McDonnell(Garden City, N. Y.: Image Books, 1974), p. 16.

3) Thomas Merton, *Zen and the Birds of Appetite* (New York: New Directions, 1968), p. 140.

4) 복음성가 "사랑은 참으로 버리는 것"의 가사 중 일부이다.

5) 토머스 머튼, 『토머스 머튼의 단상: 통회하는 한 방관자의 생각』, 바오로딸, 2013.

6) Thomas Merton, "Conscience of a Christian Monk", audiotape (Chappaqua, N. Y.: Electronic Paperbacks, 1972).

7) 앞의 자료.

8) Thomas Merton, *The Asian Journal* (New York: New Directions, 1973), pp. 335-336.

9) 토머스 머튼, 『토머스 머튼의 장자의 도』, 은행나무, 2004.

10) Thomas Merton, *Conjectures of a Guilty Bystander*, p. 73.

11) Thomas Merton, *Contemplation in a World of Action* (New York: Doubleday, 1971), p. 164.

12) 토머스 머튼, 『토머스 머튼의 장자의 도』, 은행나무, 2004.

13) Merton, *Zen and the Birds of Appetite*, pp. 103-104.

14) Elzabeth Watson, *This I Know Experimentally* (Philadelphia: Friends General Conference, 1977), p. 16.

15) 토머스 머튼, 『토머스 머튼의 장자의 도』, 은행나무, 2004.

16) 앞의 책.

17) 앞의 책.

18) 앞의 책.

19) Thomas Merton, "Conscience of a Christian Monk."

20) 앞의 책.

제2장

1) Loren Eiseley, *The Star Thrower* (New York: Harvest Books, 1978).

2) 라이너 마리아 릴케, 『젊은 시인에게 보내는 편지』, 고려대학교 출판부, 2006.

3) 엘리자베스 퀴블러-로스, 『죽음과 죽어감』, 청미, 2018.

4) Thomas Merton, "To Each His Darkness", in *Raids in the Unspeakable* (New York: New Directions, 1996), pp. 11-12.

제3장

1) 코이노니아 파트너에 대한 정보를 얻으려면 www.koinoniapartners.org를 보라. 해비타트 운동의 기원에 대해서는 www.habitat.org/how/historytext.aspx를 보라.

2) Bruderhof Communities에 대한 정보를 얻으려면 www. bruderhof.com을 보라.

3) Lindisfarne Association에 대한 정보를 얻으려면 www. williamirwinthompson.org/lindisfarne.html을 보라. 펜들 힐 의 웹사이트는 www.pendlehill.org이다.

4) "사회에서 우리가 속해 있는 작은 소대를 사랑하는 것이 공적 애 정의 첫 번째 원칙(다시 말해, 싹)이다." 에드먼드 버크, 『프랑스혁 명에 관한 성찰』, 한길사, 2017.

제4장

1) Philip Rieff, *The Triumph of the Therapeutic* (New York: HarperCollins, 1966).

2) 다윈의 진화론에 영향을 받아 허버트 스펜서(Herbert Spencer) 등 의 학자들을 중심으로 전개된 사상. 적자생존의 원리를 신봉했 으며, 개인은 물론, 인종과 민족, 사회와 국가의 우열이 있다고 생각하여 우생학, 인종차별주의, 제국주의 등을 정당화하기도 했다.

3) C. Wright Mills, *The Causes of World War Three* (New York: Simon & Schuster, 1958).

4) 디트리히 본회퍼, 『신도의 공동생활』, 대한기독교서회, 2003.

5) Richard Sennett, *The Uses of Disorder* (New York: Norton, 1992), ch. 2.

6) Martin Buber, *Between Man and Men* (London: Routledge,

2002), p. 9.

7) Parker J. Palmer, *The Company of Strangers* (New York: Crossroad, 1983).

8) 좋은 예로 시뮬레이션 게임 "Lost in the Moon"이 있다. 이는 Jay Hall in "Decisions", *Psychology Today*, Nov. 1971, p. 51 이하에 묘사되어 있다.

9) Mildred Binns Young, *What Doth the Lord Require of Thee?* Pamphlet no. 145 (Wallingford, Pa.: Pendle Hill, 1966).

10) 앞의 책.

제5장

1) 1994-1995년 학기 중 나는 켄터키 주 베뢰아에 있는 베뢰아 칼리지의 일라이 릴리(Eli Lilly) 객원 교수로 있었다. 애팔래치아의 청년들에게 고등교육을 제공하기 위해 1855년에 설립된 베뢰아 칼리지는 수업료 대신 학생 교육과 학교 운영에 도움이 되도록 학생들에게 여러 형태의 일을 시켰다. 이 글을 쓰고 15년 후에, 내가 썼던 일부 내용이 현실이 되었다.

제6장

1) 앨프리드 화이트헤드, 『교육의 목적』, 궁리, 2004.

2) 사도행전 9:1-20을 보라.

3) 표도르 도스토옙스키, 『까라마조프 씨네 형제들』, 열린책들, 2009.

역설

초판 1쇄 인쇄 2023년 12월 5일
초판 1쇄 발행 2023년 12월 20일

지은이　파커 J. 파머
옮긴이　김종훈

편집　강민영
디자인　임현주
제작　추우천
경영지원　이성경
인쇄　성광인쇄

펴낸곳　템북
펴낸이　김선희
주소　인천 중구 흰바위로59번길 8, 1036호
전화　032-752-7844
팩스　032-752-7840
이메일　tembook@naver.com
홈페이지　tembook.kr
출판등록　2018년 3월 9일 제2018-00006호

ISBN　979-11-89782-90-0 03230

템북은 아이들이 꿈꾸게 하고, 교사들이 소명을 깨닫게 하며,
교육에 새로운 희망을 주는 책을 만듭니다.